Tilo Köhler · Der Favorit fuhr Kowalit

Tilo Köhler

Der Favorit fuhr Kowalit

Täve Schur und die Friedensfahrt

Gustav Kiepenheuer Verlag

Mit 27 Abbildungen

ISBN 3-378-01015-0

1. Auflage 1997

Gesamtgestaltung: Frank Eilenberger
Reproduktion: PPP, PrePrint Professional GmbH
Druck: Jütte Druck, Leipzig
Bindearbeiten: Kunst- und Verlagsbuchbinderei GmbH Leipzig
Printed in Germany

Wenn in jedem Jahr, so um den Maianfang herum, die Friedensfahrt-Fanfare, lauter noch als sämtliche Trompeten Jerichos, erklang, wenn die sonore Stimme Herbert Küttners in die Radiomikrophone raunte und es auf den Straßen, die ansonsten nur im tiefsten Frieden lagen, endlich losging, wenn Millionen Werktätige ihre kampferfüllten Werkbänke verließen und sich um die Planerfüllung und den Wettbewerb den Teufel scherten, wenn den Kindern Tafelschwamm und Kreide aus den Händen fielen und sie, ohne jeden Halt und ohne jede Disziplin, die Straßenränder stürmten, um der farbenfrohen Meute zuzujubeln – dann war nicht nur die erwachsene Einsicht in die Notwendigkeit, nicht allein die infantile Wißbegier zum landesweiten Stillstand geradewegs verurteilt, nein: dann war auch insgesamt im Staate etwas faul – unübersehbar und, zumindestens für diese unverwechselbaren Tage, nicht zu überhören. Denn im Mai, im Mai, da rief nicht nur der Kuckuck, sondern erst einmal ein Pulk von strampelnden, dem Hals- und Speichenbruch und insbesondere dem Weltfrieden verpflichteten Athleten aus dem Tretlager der Freundschaft und des Fortschritts an den Saum der festgeweihten Straßen und den Rain des gutbestellten Fahrerfeldes. Und kein Mensch wäre wohl auf die Idee gekommen, sich den Nimbus der so friedfertigen Amateure irgendwie zu deuten, zu erklären, ihre Aura war ganz einfach da und überstrahlte, wenn auch nur für diese ausgesuchten Stunden, die Tristesse des Jahres insgesamt, das wie ein niemals aufhörender Ruhetag erscheinen wollte, Monate, in denen nie ein freiwilliger Jubelschrei ertönte, Wochen ohne kostenloses Herzklopfen und Tage ohne Kampf um Meter und Sekunden, kurz: so, wie die Zeit von einem Mai zum anderen und also lediglich als eine Ära ohne jeden Sinn und wie ein blindes Rennen gegen den Kalender, das die meisten, sicher auch auf ihre Weise amateurhaft, absolvierten.

Doch ein Rennfahrer dagegen, oh, wie stolz das klang, ja, so ein Rennfahrer, das war schon was, ganz zweifellos, und all die Muße übers Jahr verführte immer wieder zu dem Wunsch, beim nächsten Mal aus nächster Nähe, just zu einem solchen Helden aufzublicken und es ihm, natürlich nicht auf einem Rennrad, doch auf irgendeine andere eindrucksvolle Weise, gleichzutun; vor allem aber trieb die allgemeine Ruhe manchen der gestandenen Jubilierer doch zu der gelegentlichen Überlegung, worin diese unvergleichliche Faszination, genaugenommen, wirklich liegen mochte, die von all den schwitzenden und irgendeinem ungewissen Ziel entgegenkeuchenden Athleten auszugehen schien, denn, aufrichtig gefragt, was war das eigentlich – ein Friedensfahrer?

»Jedes Jahr im Mai,
Wenn die Kirschen blühen,
Jedes Jahr im Mai,
Wenn die Nebel ziehen,
Rollt die große Friedensfahrt,
Ringen zwischen Ziel und Start.«

Gewiß kein Freistilringer, wie es solche Lieder nahelegen mochten, aber immerhin ein Mann, zuerst einmal herausgehoben aus den anderen durch den Umfang seiner Schenkel, durch die Breite seiner Brust, die Wildheit, das Entschlossene seines Blicks, wenn er, mit festen Griffen, nun zum Spurt, zur Überholjagd auf den Gegner rüstete. Doch dies schien nur die halbe Wahrheit, hinreichend allenfalls, die kilometerlangen, häufig weiblichen Girlanden unserer werktätigen Frauen und Mädchen zu erklären, die auf all die gutgebauten Friedensboten Jahr um Jahr ihre geheimsten Wünsche projizierten und sich an der Pracht der Ehrenstarts nicht weniger berauschten als am Siegerkranz des Triumphierenden und die Vorrüberasenden nicht weniger bejubelten als die vom Pech Gebeutelten. Mit weißen Tüchern winkten sie, bis auch der letzte hinterm Horizont verschwunden war, und zeigten, wie ergeben sie schon längst den durchtrainierten Strampelbacken waren, und gewiß verrieten auch die aufgeputzten Straßen, die geschmückten Wände – nicht zu zählen – liebevolle Frauenhände. Sie allein indes erklärten nicht, warum selbst Polizisten lächelten, weshalb sogar gemeinhin äußerst eifersüchtige und aufmerksame Jugendfreunde ihren Bräuten solche sprunghafte Verehrung, soviel Seitenblicke auf die strammen Kontrahenten durchgehen ließen, ihr Geheimnis lag ganz offenkundig tiefer, oder sollte man genauer sagen – höher? Galt das Schwärmen all der blühenden, im Sonntagskleid erschienenen Damen zu guter Letzt gar nicht in erster Linie jenen gutaussehenden Piloten auf dem Velo, sondern sehr viel mehr den Schwärmen aufgestiegener Tauben, die, gleich ihnen und dem fahrenden, umsäumten Volk, nichts anderes wünschten als den siebten Himmel, in dem ewig nichts als Frieden vorherrschen sollte, bis daß der aufgeklärte Tod sie scheide? Eine Frage, zweifellos von Rang und vor den überfüllten Rängen nicht so einfach von gerade jener Hand zu weisen, mit der sich so mancher hin und wieder an den Kopf gegriffen haben mag beim Anblick der im heimatlichen Stadion versammelten Bewohner, menschenleer der übergroße Rest der Großstadt. Die Sirenen schwiegen, die Fabrikschornsteine kühlten aus an diesem Tage, vierundzwanzig weitere Stunden Planvorsprung erschindete der Klassenfeind von seinen ausgebeuteten Belegschaften, daran war nichts zu ändern – wer das eine wollte, mußte wohl das andere mögen. Was galt eine Tagesleistung, was ein Produktionsrückstand von einer Nacht, wenn man sie aufwog gegen diese Manifestation, wenn man sie gegen diese Vollversammlung sportbegeisterter und auf den Frieden eingeschworener Zeitgenossen hielt – sie war ein Nichts, ein Taubenschiß gewissermaßen, nur ein Komma auf dem Weg der Weltgeschichte. Die endgültige Überlegenheit des volkseigenen Fahrerlagers und natürlich auch des neuen Lebens würde sich ohnehin schon bald in nachsichtiger Toleranz dem Alten gegenüber, doch noch mehr im höheren Pro-Kopf-Verbrauch an guter Butter zeigen.

Längst vergangen waren da die Jahre, als die meisten fast vergessen hatten, wie man Butter schrieb, als es noch Eichelmehl gab, Löwenzahn- und Schafsbockkrautsalat, und als die limitierte Marke »Siedlerstolz«, der selbstgezogene Strunk, auf den verbliebenen, lichterfüllten Tabakböden und Balkons millionenfach erblühte. Hennecke erfüllte seinerseits, als sich die Friedensfahrt bei unseren Nachbarn erstmals auf die Piste wagte, seine Norm fast um das Vierfache, und die HO eröffnete die ersten Läden, in denen man Lebensmittel endlich ohne »Friedhofskarten« – die Bezugsscheine von damals – kaufen konnte.

»Die Fahrt der Nationen
Begeistert Millionen
Von Warschau bis Prag und Berlin!
Auf staubigen Wegen
Dem Siege entgegen,
so stürmen die Fahrer dahin
Und knüpfen ein friedliches Band
Das die Besten der Völker umspannt!«

Doch genauso unvergessen war der eigentümliche Beginn, das seltsam anmutende Vorhaben, ein Rennen zu veranstalten in Zeiten, denen es an einfach allem mangelte, was man, nicht nur, jedoch zum mindesten, von einem Rennen landläufig erwarten durfte – nämlich gutgebaute Straßen, gutgebaute Räder, gutgebaute Fahrer.

Der Gedanke schien absurd, zumindest weltfremd und wie ausgeheckt von irgendwelchen lebensfernen Technokraten staubiger Parteibüros, und wirklich – daher kam er auch. In Prag und Warschau hatten sich sportive Funktionäre auf den Plan geeinigt, zwischen beiden Ländern eine Radfernfahrt zu starten – von der Weichsel bis zur Moldau sozusagen. Und erst recht ganz anderen Kapitalen des gebrannten Kontinentes wollten sie beweisen, daß sie aus dem Nichts ein Rennen auf die Beine, oder besser, auf die Räder bringen konnten, eine Leistung, die man andernorts durchaus als gleichnishaft auch für die künftigen Potenzen sozialistischer Gemeinwesen verstehen sollte und wohl ebenso als eine frühe Kampfansage an den Unglauben, daheim wie in den Metropolen, wo man dieses Vorhaben vielleicht belächelt haben mochte. Im Zentralorgan der tschechischen Genossen war die friedliche Herausforderung nachzulesen; immerhin schrieb man den Ersten Mai, ein Kampftag ohne Wenn und Aber seit Jahrzehnten. Und erst recht im Prag des Jahres 1948 schien der angetan, die kalten Krieger an das Aussichtslose ihrer Tour zu mahnen, wenn auch unter dem Symbol des Friedens und wohl eher beiläufig, mithin, wie es in der Berichterstattung über Radsportthemen bislang durchaus Tradition war: fünf Jahrzehnte früher waren Radrennen bloße Garnitur der Weltausstellung; 1900 im olympischen Paris befanden sich die zweirädrigen Disziplinen längst noch nicht im Mittelpunkt des sportlichen Interesses, sondern nur im Schatten jenes Pavillons, der insgesamt die Neuheiten der Fahrzeugtechnik präsentierte. Doch auch die Idee der Friedensfahrt war nach dem Kriege keineswegs so fesch entstanden und in ihren Inhalten so klar umrissen, wie sie später gern beschrieben wurde: programmatisch, friedensstiftend, fair und sauber.

»Hundert Meter noch und dann!
Hei! Der Endkampf findet statt,
Hei! Sie jagen Rad an Rad,
Einer schiebt sich jetzt in Front …
Hei!!
Mit dem Sieg wird er belohnt!!«

Ursprünglich stand ein Motorradrennen auf dem Plan, das nicht nur manchen alten Zwist, der zwischen Prag und Warschau bestand, beheben, sondern vielmehr technische und wirtschaftliche Brücken zwischen beiden schlagen sollte; eine völlig zeitgemäße Überlegung also, die sich allerdings sehr schnell erledigt hatte – es gab keine Motorräder, ganz zu schweigen von Sponsoren, Rennstrecken und gut geschmierten Boxen.

Apropos, sogar das Thema Boxen spielte in die anfänglichen Überlegungen hinein, denn der Gedanke einer Boxveranstaltung stand kurzzeitig dem einen oder anderen Verantwortlichen ernstgemeint im Sinn. Versöhnungsfeiern allerdings im Seilquadrat erwiesen sich wohl allzuschnell, schon optisch, nicht als großer Einfall, freundschaftliche Bindungen ins Bild zu setzen, und der Ring der nibelungentreu dem friedfertigen Wettbewerb Ergebenen blieb fürs erste leer. Viel unaufwendiger und auch entschieden überzeugender schien da ein Etappen-Radrennen zwischen Prag und Warschau: runde tausend Kilometer, klug verteilt auf einen Doppelkurs verschiedener Etappenorte, einmal hin und einmal her, mit reiner Muskelkraft, das schien nicht schwer, zumindest aus der Sicht der Organisatoren.

»Was fährt ohne Krach,
das Fahrrad, das Fahrrad.
Was fährt ohne Dach,
das Fahrrad, das Fahrrad.«

Eine ausgebuffte Überlegung: keine überdachte, gutgeheizte Halle, keine feuerspeienden, benzinverschlingenden Motoren, sondern Fahrräder, die sogar noch ungleich stärker imponieren konnten, machten so das Rennen. Eine Strecke solcher Länge, überdies verteilt auf wenige Etappen, galt damals bei Zuschauern wie Fahrern immerhin noch eine ganze Menge und war Grund genug, den Wettbewerb sofort zur »Tour de France« in slawischer Gestalt zu adeln. Ein ganz offenkundiger Vergleichszwang, der ein wenig an Tom Sawyer und den Einfall erinnerte, die anderen zum eigenen und zu ihrem Besten in die Spur zu schicken: seht, wir haben einen Zaun, ihr dürft ihn streichen, wir veranstalten ein Rennen, ihr dürft kommen und es bunter machen. Worauf wäre man vielleicht verfallen, hätte man sich doch zu einem Boxkampf oder einem Wettkampf mit Motoren durchgerungen? Auf Joe Louis und Max Schmeling, auf ein slawisches Las Vegas oder auf den Fürsten Lobkowicz, Gott hab ihn selig, auf den Herrn von Brauchitsch, auf Hans Stuck, die Avus Böhmens und ein Monte Carlo Mährens? Nun, man weiß es nicht, so wenig, wie man, selbst nach diesem klugen Schachzug, damals wissen konnte, wie man nunmehr zu den antriebsarmen Rädern kommen würde, die die Fahrer durch die beiden Länder tragen sollten. Woher nehmen, wenn nicht stehlen, Leere gähnte aus den Häusern und den Tagen gleichermaßen, aus den längst geplünderten Gewölben eingestürzter Keller, von den halb verbrannten Böden der verbliebenen Häuser, wo man schon seit Jahren nicht mal mehr Gerümpel finden konnte. Alle Unterschiede zwischen Oben oder Unten schienen längst verwischt, was man allein schon daran sehen konnte, daß Genosse Klement Gottwald, seines Zeichens Präsident der Moldaurepublik, auf einen Schlag vier Dutzend Rennmaschinen bei den Eidgenossen in Bestellung gab; ein Rütlischwur, in Stahl gegossen, um zu sichern, daß die Fahrer künftig tatsächlich und sicher durch die breiten Straßen wie die hohlen Gassen kommen würden. Nicht nur die nach ihm benannte Stadt Gottwaldov rackerte in mancher Sonderschicht diverse Zubrote heran; im ganzen Land erwachte das Interesse an der Fahrt, für die man nunmehr, neben den erwähnten Straßen, die befahrbar waren, lediglich noch ein paar Tonnen Fett, zum Beispiel Schweineschmalz, zur innerlichen Anwendung für die verhärmten Fahrer, Zucker, Schokolade, ein paar Kiepen Eier, die man auf den arg geschundenen Verbindungswegen allerdings erst einmal heil in die Etappe transportieren mußte, und noch manche anderen Kleinigkeiten brauchte. Siebentausend Kalorien benötigte ein Strampelmann in jenen Jahren, hatten findige Ernährungsbuchhalter errechnet, das klang nicht nur viel, es war auch eine Menge, denn selbst, wenn man die Athleten damals nicht als gerade dick empfunden haben dürfte, hatten sie doch für die langen Fahrten oft noch ein paar Pfund als eiserne Reserve aufgelegt und litten nicht an der modernen Magersucht der heutigen Kollegen, die am liebsten überhaupt gar kein Gewicht mehr hätten und am besten ihren blanken Speichen ähneln würden, weil sie glauben, daß auf ihren hochgetrimmten Rädern nur der gut aussieht, der schlecht aussieht. Und neben diesen üppigen Rationen waren für den damaligen Schweißausstoß natürlich auch noch ein paar Kilo Seife, Handtücher, diverse emaillierte Schüsseln, um am jeweiligen Ziel den gröbsten Schmutz vom Leib zu spülen, Schlafgelegenheiten, Kohlen, wenigstens ein paar Präsente für die Sieger und so manches mehr bereitzustellen. Es muß dann schließlich irgendwie gelungen sein, die Fahrer doch noch aufzusatteln; allerdings sind die kuriosen Kinderkrankheiten des ersten Rennens aufs genaueste überliefert.

So stellte sich zum Beispiel eine nicht ganz unwichtige Frage: wo, im Sinne ganz besonders des geplanten Friedens, sollte man das Rennen starten, ohne sofort wieder einen Streit vom Zaun zu brechen? Schließlich lebte man nicht auf dem fünften Kontinent, wo man etwa die Kontroverse zwischen Melbourne und der zweiten Metropole Sydney einfach dadurch löste, daß man zwischen beiden eine dritte, Canberra, errichtete. Wo hätte eine solche dritte denn auch stehen sollen, auf der Grenze vielleicht, irgendwo inmitten hoher Berge, und: wie hätte sie wohl heißen können?

Nein, das war kein Weg – man löste das Problem entschieden besser, denn man startete 1948 die Tour ganz einfach doppelt und zu gleicher Zeit in Prag und Warschau, man kam sich, wenn man so will, im Sinne des gegebenen Worts entgegen und fuhr dorthin, wo die anderen herkamen. Auf halber Strecke, on the road gewissermaßen, grüßten sich auf dieser ersten Tour die Teilnehmer der Kreuzfahrt schon einmal, sie lüfteten die Mützen wie die Mannschaftskapitäne zweier Schiffe, deren Routen sich auf hoher See begegneten – der Bau einer sportiven Grenzkommune wurde geradeso vermieden, schade eigentlich, Canberra muß ganz schön geworden sein.

Ein Zwischenfall bei der Premierentour jedoch sorgte schon seinerzeit für Unmut: denn als sich der Pulk der scharfbewachten Grenze zwischen beiden Ländern näherte, ergriffen Zollbeamte des Ulanenstaates noch die Führung, kontrollierten akkurat die Pässe der Beteiligten, bevor sie sie passieren ließen, denn die Fahrt war damals ungefähr so populär wie jene schnüffelnden Beamten selbst; polnische Wirtschaft also – njiema, njiema und von wegen – Schlange stehen, das kannten alle, aber nicht mit einem Fahrrad unterm Hintern und um jemanden mit seinem Konterfei zu überzeugen. Eins war immerhin nun klar, die Tour würde geraumer Zeit bedürfen, um auch als Gedanke all die Schlagbäume zu überwinden.

»Unser Lied die Ländergrenzen überfliegt,
Freundschaft siegt, Freundschaft siegt.
Über Klüfte, die des Krieges Hader schuf,
Springt der Ruf, springt der Ruf:
Freund, reih dich ein,
daß vom Grauen wir die Welt befreien.«

Und was war wohl geeigneter, das Graue aus der eigenen, kleinen Welt zu tilgen als ein buntes Fahrerfeld, das, angetan mit farbigen Trikots, sich durch verrußte Straßenzüge, hohläugige Ruinenfluchten und geschleifte Industrielandschaften wie die Eisenhütten Katowices oder die Fabrikpaläste Ostravas hindurchwand?

Die erste Siegerehrung fand in Warschau statt, in einem Saal, der nur ein Minimum der Starter faßte. Auf der Treppe saß der Rest und rief die Namen der Plazierten von der Bühne bis zur Tür hinunter; eine eingestimmte, vorerst noch verbale, wenn auch seinerzeit schon vielsprachige Trümmerkette hielt so die Prämiierten feierlich zusammen. Was genauso einzigartig blieb – man feierte in Warschau zweifach: erst den Sieger der Etappen, die in Prag gestartet worden waren, und dann den Sieger der in Warschau Abgefahrenen, die per Zug aus Prag eintrafen. Beide Erste kamen von der Adria; das starke Doppel Jugoslawiens, Prosinek und Zoric, distanzierte damals noch die Fahrer Polens, die dafür den ersten Mannschaftssieg der Friedensfahrt errangen, und auch die Fahrer aus der ČSR und aus der Heimat Draculas. Dreißig Stundenkilometer waren sie im Schnitt gefahren, rund zehn Jahre später würden vierzig schon die Regel sein.

Manches während jener ersten Fahrt erinnert heute an den kurzen Frühling einer liebenswerten Anarchie, wenn beispielsweise Kampfrichter und andere Chargen von der Polizei in eine falsche

Richtung statt zum Ziel geschickt, mithin verladen wurden und das Stadion lange nach dem Fahrerfeld erreichten – allerdings noch ungewollt und nicht so absichtsvoll wie zwei Jahrzehnte später in der Goldenen Stadt am Moldauufer, wo so mancher Sportsfreund, patriotisch und nicht weniger dem friedlichen Vergleich verpflichtet als die Fahrer, Straßennamen und Verkehrsschilder verdrehte, um den Funktionären der befreundeten, besorgten Nachbarländer eine neue Orientierung zu verpassen und den Weg nach Haus zu weisen. Doch beim ersten Rennen hatten so noch Zuschauer, mit ihren Vorkriegschronometern, plötzlich über Sieg und Platz entscheiden müssen, denn die offiziellen Zeitgenossen fehlten; Lastkraftwagenfahrer schufen mittels einer Fahrgemeinschaft eine Flutlichtanlage auf Rädern – die Geburtsstunde der echten Mannschaftswertung und, wenn man so will, der wahrhaft basisdemokratischen Entscheidungen im Sport, der volkstümlichen, wirklichen Erleuchtungen, schlug zwischen Žilina und Katowice ganz spontan und also zwischen Orten, die so mancher heute wieder, ohne jegliche Bekümmerung, bei ihrem deutschen Namen nennt. Vergessen scheint, warum sie andere Namen tragen, auch, warum man die Idee zu dieser Fahrt vor fünfzig Jahren aus der Taufe hob. Besonders aber scheint auch die Erinnerung verlorengegangen, was gerade solche Städte in den achtziger Jahren bereits für die deutschen Nachbarn vorbereiteten, als sich die volkseigene Solidarität dort meist noch ziemlich still verhielt.

»Auch Polen liegt sehr gut im Rennen,
Wer kann den Sieger jetzt schon nennen?
Die Tschechen nur nicht übersehen,
Die beste Mannschaft wird bestehen!«

Seinerzeit sortierte Gustav-Adolf Schur noch als Geselle Schrauben, hieß nicht Täve, fuhr jedoch schon täglich sein beherztes Rennen gegen rumpelnde und altersschwache Linienbusse, als Jan Vesely im Jahre 1949 zum großen Star des neuen Rennens wurde, seinen ersten Einzelsieg errang, nachdem er diverse Reifenschäden ebenso verwunden hatte wie die tierischen Malheure, die ihm vor die Räder liefen. Doch in Liberec kam er endgültig an die Grenze, an die Grenze des Erträglichen, versteht sich, jede Kette ist nur so stark wie ihr schwächstes Glied, sein Glied war offenkundig ganz hinüber, Jan sprang ab wie einen Augenblick zuvor die dumme Kette, Polen holte auf, die Tschechoslowakei jedoch war längst noch nicht verloren, Kapiak, schon beim ersten Rennen auf dem dritten Platz, als Vesely noch Fünfter wurde, kämpfte gegen Holubec. Der Sieg ging diesmal schließlich nur an einen und nicht, wie im Vorjahr noch, an zwei Athleten, als die Partisanen von der Adria die Führungsrolle übernommen und die doppelte Premierentour gewonnen hatten: 1948 konnte sich der Marschall in der Hauptstadt Belgrad noch genauso über seine beiden Sieger freuen wie das gesamte Friedenscamp – der Feind stand da noch nicht im brüderlichen, titoistisch aufgeweichten Fahrerlager, die Agenten Titos hatten sich noch nicht so schwer am Sowjetvolk vergangen, hatten nicht ihre historische Mission verraten und die Berge aufgegeben, um sich künftig nur noch an den eigenen Stränden und in westlicher Manier zu amüsieren. Schon fünf Jahre später, 1953, fuhr der Marschall in den Westen und entlarvte sich sogleich endgültig vor der Internationale, als er würdelos von Churchills angestaubter Schulter einen Fussel wedelte. Da konnte wohl noch niemand wissen, daß man vier Jahrzehnte später selbst die Tito-Straße in der City Belgrads umbenennen und sie entschlossen auf den Namen »Herrscher Serbiens« taufen würde. Als nach weiteren, abstinenten Jahren die Verstimmung langsam wich und so in Belgrad erstmals auch Genosse Ulbricht wieder in Empfang genommen wurde, wunderte sich dieser sehr, in Titos Residenz so viele Bilder von modernen Malern vorzufinden, darauf nicht zuletzt Gesichter, die an ausgezehrte Rennfahrer erinnerten, so daß er Josip schließlich fragte, ob ihm sowas gar gefalle. Tito antwortete, sie seien ganz und gar nicht seine Sache, dafür wären schließlich Kommissionen für Kultur verantwortlich. Doch dieser Umstand war nun für den hohen Gast aus

Freundesland noch weniger durchschaubar, und er fragte abermals, wenn sie ihm nicht gefielen, warum sie denn trotzdem seine Räume schmückten. Tito wiederholte seine schon gegebene Antwort, offenbar verstand er nicht das künstliche Interesse seines Staatsbesuchers. Dem hingegen dämmerte vielleicht schon hier, warum ihm seine Moskauer Kollegen hin und wieder freundschaftliche Winke gaben, nicht zu oft auf eigene Faust mit derart unsicheren Kantonisten das Gespräch zu suchen und das eigene Lager mit so unberechenbaren Zwischenspurts und Überholversuchen zu verprellen. Erich Honecker erklärte unserem erklärten Sportfreund zu Beginn der Siebziger dann ein für allemal, wie mannschaftsdienliche Manöver aussahen. Und, um weitere Ausreisversuche für die eigene Zukunft zu vermeiden, ließ er, noch zu dessen Lebzeiten, das Walter-Ulbricht-Stadion, in das wir im Fortgang unserer Geschichte noch des öfteren einfahren werden, umbenennen – eine echte Aufholjagd, denn so war ein Beschluß des Jahres 1956, demzufolge keine lebenden Personen mehr zu Namensgebern toter Renommierobjekte werden dürften, zwar in seine Rechte wieder eingesetzt, aber die Demütigung und die Strenge selbst erinnerten an eine Exkommunizierung ungleich mehr als an die Milde von drakonischen Parteimaßnahmen. Als der graumelierte Jugendfreund dann später selbst einmal in Belgrad weilte, war der graue Marschall schon sehr grummelig und fragte mit der Arglist eines mißtrauischen Greises seinen Gast, wie ihm die Malereien gefielen. Honecker verlor ein Wort zur Farbe und ein weiteres zur Form und Tito das Interesse an dem diplomatischen Gewäsch des Gastes. Als man Honecker am Abend von der Episode seines Vorgängers erzählte, reagierte er, für alle Anwesenden überraschend, überfroh wie ein Etappensieger und rief jubelnd: Tja, ein Ulbricht war ich eben nie.

»Und wieder auf! Die Wadenmuskel zucken.
Die Hand preßt fest den rauhen Gummigriff.
Einer weit vorn schon, unsere Ohren schlucken
Stücke des Lieds, das er der Sonne pfiff.«

Der schärfste Kontrahent von Vesely jedoch kam 1949 vielmehr aus der eigenen Klasse, war ein Arbeiter gleich ihm: Garnier vom Seinestrand trat an, der Moldau klarzumachen, daß sie, jedenfalls im Radsport, allenfalls ein Rinnsal sei. Doch mochte das Gesicht des freundlichen Franzosen auch die Farbe noch so häufig wechseln zwischen blau, weiß, rot und hoffnungsvoll oder betrübt – am Ende mangelte es ihm an Kenntnis solcher Ortschaften wie Pardubice oder einer beinah habsburgischen Hochburg wie Brno, und somit fehlten viele, wichtige Minuten zum Gesamtsieg; den errangen dafür die Kollegen seiner Mannschaft. Und da alle dem gewerkschaftlich organisierten Arbeitervereinssport Frankreichs angehörten, konnte man dennoch und schließlich mit Erleichterung auch vom Erhalt der Klasse sprechen.

Ihre deutschen Klassenbrüder gründeten 1949 ihre eigene Republik, und die provisorischen Vertreter fuhren noch im 340er BMW, aus Eisenachs Motorenwerken, täglich in ihr schweres Amt. Erst 1952 hieß der einheimische BMW dann EMW; von irgendeiner volkseigenen Fahrradproduktion jedoch war, ernstzunehmend, weit und breit noch lange nichts zu sehen, selbst im Wanderzirkus und in den Revuetheatern waren mehr Kunsträder im täglichen artistischen Gebrauch als echte Fahrräder auf unseren ganz gewöhnlichen zerrissenen Straßen unterwegs.

Zum ersten Mal starteten 1950 auch Fahrer aus der DDR, die gerade mal ins Krabbelalter kam, zur Friedensfahrt. Sie kletterten in Warschau aus dem Zug, verwundert, nicht am Hauptbahnhof, vielmehr auf irgendeinem Streckenabschnitt auszusteigen; doch es war der Bahnhof, vielmehr das, was von ihm übrig war, ein Umstand, den nicht ohne weiteres übersehen konnte, wer den Wert der Einladung ermessen wollte. In den Trümmern und Ruinenwüsten hausten immerhin die Menschen, die davongekommen waren und die deutschen Teilnehmer daran erinnerten, indem sie jeden zweiten Balken nicht in ihre kalten Öfen steckten, sondern daraus lieber für so manche Kreuzung, über die die Route führte, auch ein Mahnmal zimmerten, an dem die Fahrer ganz Europas nun vorüberfahren sollten.

Im Heinz-Steyer-Stadion in Dresden aber zeigte sich die Unbelehrbarkeit der deutschen Zuschauer; gleich sechzigtausend stürmten auf den Rasen, um den Schiedsrichter zu richten, der im Endspiel um die Fußball-Meisterschaft der DDR die SG Dresden gegen Horch, die Kicker aus dem Autowerk in Zwickau, klar betrogen hatte, denn die Dresdener waren der letzte Meister der vergangenen tausend Jahre; sie verloren 1:5, und Helmut Schön, der Torjäger aus Elbflorenz, das Blaue Wunder auf dem Fußballrasen sozusagen, setzte sich mit der gesamten Mannschaft im Juni 1950 in den Westen ab – der Rest ist nicht nur Eingeweihten weitgehend geläufig.

Vor dem Brandenburger Tor dagegen schaukelten die Jugendlichen im vereinigungsbetonten Tanz. Doch nicht im Swingrhythmus von Tessy Schulzes »Tiger-Rag« und wie in den verworfenen Tanzlokalen, sondern nach den kämpferischen Klängen von Estradenkomponisten wiegten sich die Teilnehmer des Deutschlandtreffens 1950, die, so stand es jedenfalls in allen Zeitungen der jungen DDR-Hauptstadt, die Pickelhaubenträger ihrer Heimat listig überwunden hatten und nun mit geübten Schritten demonstrierten, daß sie sich im Kampf um Frieden und Verständigung schon längst nicht mehr als Anfänger verstanden.

Wenn die Starter aus der DDR je echte Amateure waren, dann gewiß bei diesem Rennen, geographisch unerfahren und natürlich taktisch ohne jede Chance. Sie hatten nie auch nur ein Rennen größeren Kalibers absolviert, vor allem aber hatten sie niemals zuvor gesehen, wie eine Achtgangschaltung funktionierte; vier waren bislang noch das Allergrößte. Lothar Meister schaltete zwar schnell, nicht schnell genug jedoch, zu halten, was sein Name zu versprechen schien, er wurde weder König noch ein Meister. Stallgefährte Busse gab sein Bestes und dennoch Minute um Minute an die Dänen ab, und Emborg fuhr als Sieger ins Trikot, das gelb war wie die sonnensatte Butter Jütlands, denn die seinerzeit natürlich handgeschriebenen Ergebnislisten wiesen ihn zu guter Letzt als Besten aus. *Hvad er? Jeg har nu ingen Tid.* Was ist? Ich hab jetzt keine Zeit, gab er den Journalisten zu verstehen, sie sollten ihn in Ruhe lassen, Emborg stand der Sinn nach einem Tuborg und nach einem Bett. Nur Sowa, ein aus Frankreich angereister Pole, hielt noch mit und war an Emborg drangeblieben, abgelenkt alleine von den tollen Frauenzimmern, die die Straßenränder säumten. *Oh, belle filles, merveilleux, vraiment!* Oh, schöne Mädchen, prächtig, wirklich! Dimow, einer von den stämmigen Bulgaren, die das ganze Jahr in den Rhodopen ihre Waden trimmten, hing an seinem Hinterrad, doch weder vor dem Ziel noch bei den Mädels konnte er den strampelnden Charmeur gefährden. Weit erst nach der bunten Spitzengruppe fanden sich die kampferprobten Tschechen und Slowaken ein: *Hej, Jan, kde jsi?* He, Jan, wo bleibst du? schimpften seine Kameraden, denn das Trio Vesely–Skorepa–Ruzicka wurde zwar immerhin noch Mannschaftssieger, doch es fand sich in den huckligen Beskiden fast so schlecht zurecht wie Lothar Meister, der weit übers Ziel hinausgeschossen war und plötzlich vor dem Schlagbaum stand, ein ungewollt versuchter Grenzdurchbruch. An diesem Tage aber traute ihm den selbst der argwöhnischste Grenzbewacher nicht mehr zu, bereits die Richtung und die Wahl des Fluchtwegs ließen untrüglich und ausschließlich auf Übermüdung statt auf Überdruß an seiner Heimat schließen. Meister trudelte, von keinerlei Miliz behelligt, zum korrekten Ziel zurück, von einer näheren Untersuchung wurde abgesehen; Ausbruch im Affekt, so stellte Mannschaftsleiter Schiffner den Genossen vielleicht die Affäre dar, so muß es ungefähr gewesen sein, denn auch ein noch so starker Friedensfahrer war im Grunde nur – ein Mensch.

»Wo spannt das Ziel? Sieh es als Wölkchen wehen,
das winkt! Sieh es als rauschende Regenwand,
die auf dich zufällt – du mußt überstehen!
Auf kluger Karte knüllst du's in der Hand.«

Schon ein Jahr später aber, 1951, revanchierte Lothar Meister sich, und zwischen Ostrava und Katowice fettete er Dänemark gehörig ab, er hatte einen Plan, dem Olsen nichts entgegensetzen konnte als den wohlverdienten Einzelsieg, doch Meisters zweiten Platz vermochte auch der Jütländer nicht zu verhindern, ganz genausowenig wie den Silberrang des DDR-Sextetts, das, alle Achtung, noch im Vorjahr gerade einmal Achter war. Doch diesmal deklassierten die gebeutelten Eleven selbst die Mannschaftskameraden Veselys und gaben schließlich auch den bislang hinter ihnen strampelnden Magyaren endgültig das Nachsehen. Lothar Meister wurde, wie sein Team, gewissermaßen Vize-Meister, und die Ungarn trösteten sich mit der Führungsrolle in Europas Fußballstadien, vorerst jedenfalls noch.

Niemand wußte da schon hierzulande etwas von Salami, Balaton, von Pußta, ungarischen Weinen oder gar von ungarischen Filmen wie in späteren Jahren, und wenn den Bewohnern nicht schon Jahre früher mit Marika Rökk vom Donaustrand ein Stern aus eben diesem Land erschienen wäre, hätten viele sicherlich auch weiterhin gedacht, die Ungarn wären immer noch im Habsburgischen und in melancholischen Kaffeehäusern zu Haus. Der Preis der schwarzen Bohnen nämlich hatte damals, aber auch Jahrzehnte später noch, einen entschiedenen Einfluß auf das hiesige gesellschaftliche Denken, denn er stimmte die Gemüter allzeit traurig und betrug fürs Pfund rund vierzig Mark, ein Zehntel etwa eines Schlosserlohns, der nach dem Umtausch kaum ein Sechstel seines Wertes hier besessen hätte – und noch immer fragte niemand, was dann wohl ein Fahrrad volkseigener Produktion etwa hätte kosten können. Auch das königliche Inselreich entsandte 1950, ähnlich unserer meisterlichen Auswahl, eine Mannschaft von Novizen; frisch gewaschen und gekämmt ging's an den Start, doch schon nach vier Etappen saß vom Team nur einer noch und höchst labil im Sattel, schlechter fuhr allein die triste Truppe der Triester, eine sonst im Grunde eher muntere Bevölkerungsgruppe, die, den polnischen Franzosen ähnlich, in den Nachkriegswirren völkerrechtlich eine seltsame Autonomie genossen; denn noch in den zwanziger Jahren waren Tausende von jungen Polen ausgewandert, um fern der Heimat und in den französischen Revieren unter Tage die Weltwirtschaftskrise abzubauen. Irgendwann war's damit aus, vorbei, dahin, unwiederbringlich heimgeholt, und die Triester summten nur noch leis: *L'e sott el pont, che'l fa la legna, diseghe che'l vegna!* Ich habe immerfort in mir dein Bild getragen seit jenen Tagen. *Tempi passati,* auch in diesem Rennen hatten sie die besten Zeiten lange hinter sich, und also fuhr Len Hook, der letzte Insulaner, bitter und allein wie eine Mutterseele durch die fremde Welt und hatte, ohne Rücksicht auf die feine, englische Manier, beinahe den Kanal schon voll, doch wie der letzte, tapfere Ritter der berühmten Tafelrunde zog er nochmals ins Gefecht, und immer häufiger und sehnsüchtiger blickte er dem Lumpensammler hinterher; ein ganzer Bus verlorener Illusionen, welcher scharenweis die abgehangenen Fahrer mit den nicht mehr ganz so frischen Schenkeln aufnahm und in ihr Quartier beförderte, fuhr einladend und mit verführerischem Blinken an der Seite unseres matten Königstreuen – doch der ließ ihn immer wieder ziehen und trug den Union Jack ins Prager Stadion: ein Engländer tut seine Pflicht. Mit der Noblesse eines geschlagenen Admirals trat er die Ehrenrunde an, und die bewegte Moldaumetropole raste wie die Wogen von Trafalgar nach den letzten Salven, *I'm astonished,* rief er ungläubig den Pragern zu, und *I'm so happy, such a welcome,* und so glücklich, was für ein Willkommen, *thousand thanks, good bye,* auf Wiedersehen und tausend Dank.

Die DDR indes bereitete sich auf den planmäßigen Aufbau des ganz offenkundig populären Sozialismus vor, um unbedingt den Friedensfahrtveranstaltern zu imponieren, die – es pfiffen schon die Friedenstauben von den Dächern – daran dachten, sie als gleichberechtigte Betreiber dieses Rennens vorzusehen. Die ersten LPG erblickten kollektiv das Licht der neuen Welt, die ihre Dörfer umbenannte und aus alten Junkernestern philosophisch namhafte Gemeinden machte, schnell noch einen Blick ins alte Leben, einen Blick in den gesellschaftlichen Koben warf, schon war die neue

Görlitz, 1952; die Trinkflasche ist noch aus echtem Blech,
der Reifen um den Rücken von Heinz Gleinig gewickelt

Saat erblüht; und auch das Stahlbett künftiger Gemütlichkeit in Eisenhüttenstadt war längst schon aufgeschüttelt, erste Urlauber verbrachten die gewerkschaftlichen Ferien in den alten Müßiggängerparadiesen der vertriebenen Leuteschinder. Es genügte, sich die engere Heimat zu erschließen, denn die Tummelplätze jener alten Schicht von Parasiten waren mittlerweile längst mondäne Ferienhäuser unserer Werktätigen. Unsere Heime müssen sich als Kraftquellen für unsere Urlauber bewähren, hieß es, macht aus jedem Heim endgültig eine Festung der Erholung, einen Wall des Friedens, ein bewußtes Haus der kulturellen Freundschaft, der patriotischen Betreuung und – der sportlichen Betätigung.

Zum ersten Mal wurde die Zweiländerfahrt 1952 zu dem, was sie dann für Jahrzehnte bleiben sollte – zur Dreiländertour und zum wohl wichtigsten Termin in jedem Amateurkalender; nicht nur von der Moldau bis zur Weichsel, sondern auch bis an die Spree ging nun die Hatz um Sieg und Platz, um Kränze, Prämien, nicht zuletzt auch um die Preise der beteiligten Parteizeitungen, denn nun mischte, dank der brüderlichen Zulassung, das Neue Deutschland als Veranstalter und generöser Stifter mit. Millionen Neuhinzugekommener teilten ganz spontan den Wunsch, auch hierzulande festtagsfroh am Straßenrand zu stehen und den Friedensfahrern zuzujubeln; zwischen manchen Städten war der Menschenwall so dicht und das Bedürfnis, unsere Friedensfreunde anzufeuern, zeitweilig so groß, daß es, zu allem Ungemach, sogar den Fahrern vollkommen unmöglich war, sich zur Erledigung gelegentlicher eigener Bedürfnisse für einen Augenblick in einen Busch zu schlagen – damit hatte niemand rechnen können, man befuhr natürlich Neuland, unvorstellbar war insofern auch der Druck, der auf dem Fahrerfeld und den Betreuern lastete. Dennoch war es erneut die Tour Jan Veselys, nicht weniger jedoch auch die von Ian Steel, dem gertenschlanken Schotten, ebenso die Fahrt des Belgiers Verschueren und des polnischen Franzosen Jean Stablewski, der in späteren

Jahren, 1962, unter seinem frankophilen Namen Jean Stablinski Weltmeister der Profis wurde. Doch der erste Fahrer, dem die selbsternannte DDR-Hauptstadt den Kranz des Siegers flechten konnte, stürzte aus den Bergen Österreichs ins Stadion an der Cantianstraße. Fünf Minuten vor der Zeit und vor dem Feld erschien Franz Deutsch, ein eigentlich gemütlicher Patron, für den die Eskapade eine Ausnahme, ein sprichwörtlicher Ausbruch blieb. Er machte nach dem Ende seiner radelnden Karriere in der Innenstadt von Graz ein kleines Café auf, und zwar, wie sich's für einen ausgeschlafenen Österreicher, der auf Referenzen aus ist, schickt, ganz in der Nähe einer Bäckerei, die seit Jahrhunderten bereits den Hof beliefern durfte. In der Stunde des Triumphes jedenfalls entschied er für die künftigen Beschäftigungen, daß von nun an über allen Kipferln Ruh sein solle.

»Was wollen wir denn jetzt beginnen,
Wenn wir den Besten nun verlier'n?
Wie soll es überhaupt gelingen,
Uns ferner günstig zu placier'n?«

Es war zugleich die Jungfernfahrt des Täfe Schur. Sein »way of fame« begann im Neuen Deutschland noch mit »f« und schon Wochen vor der Fahrt in Nauen, und er endete in Friesack, was vermutlich mittlerweile den Bewohnern in der Streusandbüchse herzlich schnuppe ist; doch jenes Zeitfahren auf eben dieser Strecke war es, das den Neuling für die große Tour empfahl. Er selbst wird die Premiere nicht in allzu glücklicher Erinnerung behalten haben, sie war alles andere als die erste, große Liebe. Täve schleppte sich durch die Etappen, trudelte allmählich bis ins Mittelfeld, ermannte sich von Ort zu Ort, je näher man dem Ende kam, und dann, erst auf der letzten, scheinbar läppischsten Etappe fuhr er endgültig aus sich heraus, bedrängte selbst den wilden Skorepa, der sich jedoch mit böhmischer Entschlossenheit den Sieg im Prager Spartak-Stadion holte; Kunststück, hatte man doch kurz zuvor, in Plzeň, die Beteiligten zu einem unverfänglichen Besuch in die berühmte Brauerei gebeten, um beim Freibier nachzuweisen, daß nun doch das volkseigene Pilsener der Zukunft stärker zugewandt sei und nicht länger im privatwirtschaftlichen und individuell gezogenen Wein die höhere Wahrheit liege. Aber Täve hatte sich davon in keinem Augenblick beirren lassen, sondern seinen Einstand anständig gegeben und der DDR-Mannschaft sogar noch auf den dritten Platz verholfen – vor den wirklich starken Belgiern immerhin; denn gegen diesen späten, oder, wie die Kenner wissen, ersten, frühen Antritt waren auch Verschueren und van Hooven machtlos.

Es folgte das historische und folgenschwere Jahr, in dem die DDR die erste große Fluchtwelle erschütterte, fast sechzigtausend Menschen wandten sich im März nach Westen, unter ihnen auch die Hoteliers der Ostseeküste, die man wegen des Besitzes einer Stiege Eier oder anderer krimineller Machenschaften über Nacht enteignete, um die Pensionen und den restlichen Besitz in beinah kostenlose Ferienheime umzuwandeln. Damals hieß die dornenreiche Maßnahme noch metaphorisch »Aktion Rose«, aber auch die spätere gewerkschaftliche Urlaubsplanung wurde nie den Ruf der räuberischen Eingemeindung wieder los.

Die Norweger erschienen 1953 erstmals bei der Tour; weit weniger martialisch als der schreckensreiche Hägar, kämpften sie sich durch die Berge Mährens, fluchend, daß es leichter durch die heimatlichen, schroffen Fjorde gehen würde als durch diese lausig sanften, scheinheilig geschwungenen Höhenzüge. Nicht so einfach, von den schmalen Brettern unter Oslos Holmenkollen umzusteigen auf die schmalen Reifen und mit ihnen übern Hradschin Prags zu sausen, allenfalls erleichternd waren da die Schneeschauer, die zwar um diese Jahreszeit für Prag nicht gerade typisch waren, aber dafür unsere Neulinge an all die schneesicheren Pisten ihrer Heimat, weit bis in den Mai hinein, erinnerten und ihnen das Gefühl der Fremde und des Abgeschlagenseins auf solche Art ein bißchen nahmen. Nur die Härtesten waren auf dem Schlingerkurs nicht völlig chancenlos, auf dem sich mancher Drahtesel, nach allzu schneller Drehung oder einem kühnen Schwung, zur Drahtplastik am Straßenrand verformte; der berühmte Zweikampf dieses Rennens hieß – der Fuchs gegen Prinz Eisenhart: Pavlisiak, ein herumgekommener Routinier von vierzig Jahren, der als Sechzehnjähriger bereits nach Frankreich ging, der schon Nonstop-Rennfahrten von 1200 Kilometern, ganz weit vorne, mitgefahren war und nun im Team der polnischen Franzosen noch einmal zu voller Form auffahren wollte, gegen Trefflich, der zu dieser Zeit noch als der Härteste des DDR-Teams abging. Bernhard Trefflich holte sich den achten Tagessieg auf jenem holperigen Markt der schwer verfallenen Metropole Görlitz und erhellte so für einen Tag das finstere Mittelalter dieses schönen Städtchens, das sich in den späteren Jahren zum Etappenziel von bestem Rufe mauserte, das als Visitenkarte und grenznaher, oft erster Ankunftsort in der DDR die Rennfahrer auch weiterhin begeistert – auf das trefflichste gewissermaßen – zwischen seinen schütteren Häuserzeilen feierte, ganz ohne Unterschied und Ansehen der nörgelnden Nationen. – Selbst die Engländer, die, nicht gerade nobel, immer wieder über das vertrackte Klima der Region zu wettern wußten, sahen sich stets liebevoll betreut; und schließlich wurde diesmal sogar höchsten Ortes, bei der Rennleitung, befunden, das Wetter sei so miserabel, um es nicht noch derber auszusprechen, daß, entgegen ihres eigenen Reglements und gegen jede menschliche und sportliche Vernunft, die Fahrer, die das Ziel erreichen würden, ausnahmslos mit wertvollen Präsenten zugeschüttet werden sollten. Täve Schur belegte immerhin auf seiner zweiten Friedensfahrt bereits den dritten Platz, und in der Mannschaftswertung siegten seine ungläubigen Teamgefährten tatsächlich noch auf den letzten Kilometern über Dänemark und fuhren den Gesamtsieg und die tiefblauen Trikots nach Hause. Jenes Rennen würde, nicht nur dieses Sieges wegen, unvergeßlich bleiben: erst sah es den armen Täve tief im Straßenstaub und auf die Hilfe Lothar Meisters angewiesen, dann schlug auch Paul Dinter so lang hin, daß ihn die Ärzte aus dem Rennen nehmen wollten. Doch da kannten sie ihn schlecht, er schwatzte sie in Grund und Boden, schwang sich auf den Sattel und fuhr, statt ins Spittel und ins Mullfinale, die fehlenden Sekunden zum Gesamterfolg heraus – ein echter Sieg des Proletariats zugleich über die kleinlichen Bedenken solcher ewig gestrigen, vermufften Pflasterkästen und – zum Ruhm der jungen Republik.

»Wer ist es? Wer ist es?
Noch wissen wir es nicht!
Sie spurten! Sie spurten!
Sie treten ins Pedal!
Und kämpfen! Und kämpfen!
Drei Fahrer an der Zahl!«

Die hatte im zurückliegenden Jahr und nach dem Rennen noch so manches ausgestanden: kurz nach der Beendigung der Fahrt versuchten die Verantwortlichen normbewußt, die Kosten auch für dieses Rennen durch vermehrte Anstrengungen wieder einzunehmen; aus den leichthin aufgestellten Forderungen aber wurden jene vielbeschriebenen fünf Junitage und in deren Folge jene quälende Epoche, die aus dem Verfolgungswahn der Führung seit dem Aufstand aus dem Jahre 1953 resultierte und sich in den nächsten dreieinhalb Jahrzehnten gegen alles Unwägbare abzugrenzen suchte.

Durch die Straßen Warschaus schwirrte ein Gerücht: die Russen kommen. Allenthalben sah man ungläubige Hauptstädter, die kopfschüttelnd die Straßen rauf- und runterblickten, um die Kunde in das Reich der Fama und des Bösen zu verweisen, doch – sie kamen wirklich. Die Sowjetunion war 1954 erstmals mit von der Partie, ein halbes Dutzend Jahre hatten die Befreier offenbar gebraucht, sich an dem Rennen der von ihr befreiten Volksdemokratien zu beteiligen, der Herr nur weiß, warum; vielleicht befürchteten sie, daß die Straße ihnen die erprobte Führungsrolle streitig machen könnte. Es gelang jedoch den Männern mit dem roten Stern im weiteren, die Menschen zu beruhigen, und sie erklärten: *Sawtra, posle sawtra müi nje budim napadatch,* mit einem Angriff habe man nicht heut und morgen, frühestens erst bei der nächsten, wenn nicht übernächsten Tour zu rechnen, und die bange, plötzliche Betretenheit der Gastgeber wich langsam der Erleichterung. Doch sei es, wie es sei, die Friedensfahrt war nun, von diesem Jahre an, um einen Brauch bereichert, denn auf jeder Tour, exakt am achten Mai, dem Tag der endlichen Befreiung – oder sollte man in unserem Zusammenhange besser sagen, der Bereifung – übergab der jeweilige Kapitän der DDR-Mannschaft dem sowjetischen Kapitän ein wuchtiges Bouquet und übermittelte auf diese Art den Dank des ganzen, halben deutschen Volkes. Immerhin befreite die Sowjetunion die Alemannen nicht nur vom Faschismus, sondern auch von mancher anderen Not, und selbst die ganze Menschheit würde bald erlöst und aller Sorgen ledig sein, wenn sie nur auf die schöpferischen Neuerer und die geniale Technik der Sowjetunion vertrauen wollte, die das Eis Spitzbergens schmelzen würden und die mittels zuckerstückegroßer Klümpchen ihres hochkarätigen Urans Atomeisbrecher jahrelang spazierenschippern ließen und am Rande des Polarmeers bald das Leben afrikanischer Exoten möglich machen würden, denn in höchstens dreißig Jahren wäre ohnehin das Energieproblem geritzt. Nur drei Jahrzehnte später allerdings verwandelte sich die Dreiländertour zum ersten Mal zum geographischen Quartett und führte 1986 unter anderem durch die Ukraine; Kiew, die bis dahin stets nur als die grüne Lunge der berühmten Kornkammer gelobte Hauptstadt, strahlte, wie die kalauernden Zeitgenossen hämisch formulierten, nun im Glanz der Friedensfahrt. Das Wunder, das bislang in Büchern und in Filmen als das russische beschrieben worden war, geriet zur wolkigen Vision, die Nord- wie Ost- und Westeuropa übersegelte und keinen Zweifel daran ließ: der ganze Kontinent war untergangsgeweiht, wenn er dem Fortschritt allzu sehr vertraute.

Unser Fortschritt hieß in jenem Jahr »Praktina« oder »Contax«, und wer ihn sich leisten konnte, pflegte dieses neue Hobby nicht im Volkskunstzirkel des Betriebes, sondern schoß die scharfen Fotos im privaten Urlaub oder an den Wochenenden. Auch die Radiodays bekamen langsam Konkurrenz, der erste volkseigene Fernseher kam auf den Markt und hörte auf den Namen »Rembrandt«, sicher, weil er solche tollen Bilder machte, doch vielleicht auch, weil sein Preis beinah an einen echten Rembrandt reichte.

1954 aber hätten unsere austrainierten Komsomolzen um ein Haar sogar die fliegenden Holländer abgehängt, erst kurz vor dem Finale machte sich Erleichterung im Amsterdamer Rennstall breit, mit einem weniger als nur geringen Vorsprung wurde das Politikum verhindert, daß die Anfänger aus Donezk, Woronesh und Stalingrad die Holländer tatsächlich deklassierten; aber als der erste Blauweißrote, uneinholbar wie de Costers Nationalheld Ulenspiegel, sich von den Verfolgern löste und ins Spartak-Stadion hereingeflogen kam, war auch die Radsportwelt wieder in Ordnung.

»Bald surren sie wie
glänzende bunte Libellen
durch alle Kurven, klingelnd:
Geht beiseite,
denn nun kommen wir herangebraust!
Hinter ihnen eine Spur
von Erschrecken.«

Erstmals sah man, eher zahm und irritiert als wildentschlossen, einen Löwen in den Sattel steigen, keinen richtigen, versteht sich, sondern einen Inder; Dhana Singh, ein Angehöriger der turbantragenden, millionenschweren Sikhgemeinschaft – jedenfalls der Zahl der ausübenden Glaubensbrüder nach –, erschien am Start und Teilnehmern wie Zuschauern als Bote einer längst versunkenen Märchenwelt. Den schwarzen Bart korrekt gekämmt, den weißen Turban festgezurrt wie einen Helm, bestieg er voller Zuversicht sein

1954; Indiens Fahrer führen eine neue Rennkappe vor

Rad, das so, ganz wundersam und wie von selbst, zum Sonnenrad, dem nationalen, indischen Symbol, geriet. Der Löwe – Singh – ging freilich ohne jede Aussicht in den Kampf, ihn ernsthaft zu bestimmen, doch er zeigte vielen hierzulande, weshalb mancher landeskundlich Kenntnisreiche gern die Sikhs als Preußen Indiens beschrieb – selbstverständlich nicht, weil Dhana Singh tatsächlich Eisenbahnbeamter war –, vielmehr als Preußen eines ungleich sonnigeren und nicht so verkniffenen Gemütes. Unverdrossen fuhr der Mann aus Indien seine aussichtslose Tour, als wollte er mit magischem Geschick die Fahrerschlange ganz alleine bändigen; und selbst an Tagen, die auch Wetterfestere zum Ausstieg zwangen, fuhr er pflichtbewußt dem Felde hinterher, so manche der Etappen mag ihm endlos wie der Seeweg ins gelobte Land erschienen sein. Doch für die Zuschauer war er der Star, sie warteten oft Stunden auf den Außenseiter, der, im Gegensatz zu allen anderen Fahrern, fast an jedem Ort mit einem eigenen Orkan des Jubels und mit einer, wenn auch ungewollten, Ehrenrunde vor dem Ziel gefeiert wurde. Erst ein schwerer Sturz bezwang ihn; Ärzte legten ihm den Kopfverband als Turban an, denn seine größte Sorge galt bei weitem nicht der Wunde, sondern der Gefahr, und sei es nur für einen Augenblick, ohne die rituelle Kopfbedeckung auskommen zu müssen, für die Sikhs ein faustdickes, nicht zu entschuldigendes Sakrileg. Sein Mannschaftskamerad Supravat Chakravati kurbelte Etappe um Etappe ab, und in Gedanken an die Braut und an die Aussteuer vergaß er, voll von stillem Glück, die Kurve auszusteuern. Doch er ging in seiner preußenhaften Tugend, angestachelt von der Zuverlässigkeit des Löwen, so weit, daß er, selbst nach einem Sturz in eine ausgesprochen tiefe Böschung, die ihn leicht auch auf die Höhe des Nirwana hätte tragen können, wieder auf die Rennmaschine stieg und, eskortiert von einem Sanitätszug, in das Stadion einfuhr, wo ihn Tausende erwarteten und Dutzende wie einen Sieger auf die Schultern nahmen. Tief gerührt entschloß er sich zu einer kurzen Ansprache, und die Gemeinde von so vielen Unerschrockenen, die noch soeben selbst die Polizeiketten durchbrochen hatte, lauschte voller Rührung seinen Worten, die er, wie die Menschen sofort merkten, offenkundig in der einhundertundvierundfünfzigsten der gut dreihundert Sprachen vortrug, die in Indien gesprochen werden. Doch die Zuschauer verstanden ihn von Herzen, denn das, was er sagte, war so klar, so eindeutig wie die Gewißheit, daß Kalkutta, woher unser radfahrender Ingenieur kam, nun einmal am Ganges lag und daß ihm hier etwas Unglaubliches viel einfacher gelungen war als in der Heimat, nämlich viele tausend Meilen weit vom fernen Indien das vollkommene Glück zu findien, das ansonsten nur noch unsere flözigen Kollegen unter

Tage haben durften, die im Schacht »Bar*ba*ra«, wie sie gern betonten, rüde für den Fortschritt schindern mußten, doch zum Lohn dafür die Friedensfahrer, siebzig Meter unterm Frühlingsboden und zur förderlichen Aussprache, begrüßen durften – alle Wetter, wie der Bergmann gern sagt, kamen da zusammen, und am Ende gründeten die Kumpel eine Kommission zur Gründung eines Komitees zur Gründung einer Vorbereitungsgruppe, die das Rennen schachtweit und auch über Tage und erst recht in der gesamten, friedlichen Region, bis hin ins ferne Indien, befördern würde.

Für die DDR dagegen selbst gab es die erste internationale Bestzeit, Jutta Langenau entpuppte sich als Schmetterling und holte den Europameistertitel über hundert Meter in die Blumenstadt nach Erfurt, die uns noch ein weiteres Mal auf unserer Tour begegnen wird.

Ginge es nach der Legendenbildung einiger, wohl allzu unbekümmerter Chronisten hierzulande, die in jedem Teilnehmer der Friedensfahrt aus westlichen Gefilden einen potentiellen Klassenkämpfer für den Sozialismus sehen wollten, müßte man noch heute staunen, unter was für schwierigen Bedingungen so mancher Italiener, Belgier, Franzose oder Brite seine Teilnahme an dieser Fahrt gelegentlich erzwungen haben soll. Denn häufig schien es den erstaunten Lesern oder Hörern so, als hätten Starter aus den Ländern, wo das rüde Kapital noch immer herrschte, die Strapazen jener friedfertigen Tour nicht erst noch vor sich, sondern längst schon hinter sich gebracht, indem sie die Verhinderer in ihrer eigenen Heimat kampfentschlossen überwunden und sich bis in dieses friedensfrohe Lager durchgeschlagen hatten. Der Triester Dreossi beispielsweise sollte seinen sauer angesparten Urlaub nicht erhalten, um ihn für die Teilnahme an unserer Tour zu nutzen, und der wütende Direktor soll ihm im Zuwiderhandlungsfalle gar mit einer Kündigung gewunken haben. Doch da hatte dieser ewig Gestrige und unverbesserliche Pauperist die Rechnung ohne die Gewerkschaftsleitung und das Ungestüm der solidarischen Kollegen machen wollen, die, der Fama nach, zum Streik gerufen haben sollen, so daß der Direktor seine miese Hoffnung, seine böse Drohung und den tapferen Geordano schließlich gleichermaßen fahren lassen mußte. Niemand hätte sonst, auf der gesamten Fahrt, die Sprache der Azzurri hören können, nicht, weil sie ohnehin keiner der Beteiligten verstand, vielmehr, weil auch die anderen Teilnehmer Italiens bei den eigenen Behörden keinen Paß bekamen, um den Brenner oder auch die Alpen kurzerhand zu überwinden. Dreossi fuhr, nur nebenher bemerkt, Clement, ein italienisches, verwöhntes Reifenfabrikat, das sich, zum Beispiel, alle Jahre wieder bei den Rundfahrten durch ganz Ägypten, durch Algerien, an der Elfenbeinküste und in so manchen anderen, hitzschlagsicheren Regionen gut bewährte. Dennoch war er ohne auch nur eine leise Chance, die kowaliterprobten, komprimierten Stallgefährten unserer Heimat ernsthaft zu bedrängen, denn die Fahrer aus der DDR besaßen eben dieses ganz besondere Profil, das aus dem Rahmen fiel.

»Felgen müssen blitzen,
Fest die Schrauben sitzen,
Lager und die Ketten
Muß man tüchtig fetten,
Speichen neu montieren,
Reifen reparieren.«

Die Fabrikate aus Italien galten bislang als die besten, und es brauchte manchen Bruch, auch mit den überkommenen Vorstellungen, um auf die Waltershausener Reifen und die Rahmen aus Karl-Marx-Stadt ein für alle Male zu vertrauen. Auch die dilettantischen Versuche, früher schon und im Modell bereits die deutsche Einheit zu erproben und in jenen klar gefaßten Rahmen aus dem Osten Fahrradgabeln aus dem Westen zu montieren, mußten mittelfristig scheitern. Und wenn es auch manchem Einsichtsvollen fast das Herze brach, der Rahmen, den das einheimische Lager vorgab, hielt erstaunlich lange, eigentlich sogar Jahrzehnte länger, als ihm die Legionen gut geschulter Pessimisten für die fortschrittliche Rahmenhandlung ursprünglich gegeben hatten.

Ärger freilich als dem tapfer aufgestiegenen Mann aus Triest und unseren mürrisch auf die volkseigenen Fabrikate umgestiegenen Rennfahrern erging es, den Berichten nach, Odd Berg, dem Norweger, der sich als Spezialist der Straße *und* der Bahn verstehen konnte, denn er war in seinem unsportlichen Alltag Angestellter bei der Straßenbahn; als eiserner, kurbelbewehrter Gustav aus dem hohen Norden, städtischer Beamter und mithin der freiheitlichen Rechtsauffassung seines Königreichs verpflichtet, rüstete er sich zur Fahrt ins gegnerische Lager. Also, was zu weit ging, ging nun einmal doch zu weit; die Fahrgäste empörten sich angeblich, die Verwandtschaft reagierte irritiert, und schließlich fanden sich sogar gezielte, anonyme Drohungen in seiner Post, was sollte Odd aus Trondheim und erst recht in Trondheim tun? Er dachte nach, er grübelte in aller Ruhe, sah die Menschen seiner Straßenbahn, er fühlte es doch täglich, wie gern sie auf seiner Linie waren, ohne Zweifel, sie empfanden so wie er, daß Briefbomben statt Friedenstauben just die falschen Zeichen setzten. Odd griff nach dem Brief, er warf ihn, ohne ihn zu öffnen, in das offene Feuer, duckte sich ein letztes Mal, doch diesmal vor der angenommenen Detonation statt vor den Vorgesetzten und den vielen falschen Freunden, packte klammheimlich das Rad in seine unauffällige Beamtentasche und erreichte schließlich, mit dem Nachtzug selbstverständlich, was wohl jeder, der ein wenig in den Regeln konspirativer Notwendigkeiten denken kann, nur allzu leicht verstehen wird, die Hauptstadt Warschau, wo ihm sofort der Kupon für eine erste warme Mahlzeit ausgehändigt wurde. Alles war perfekt gelaufen, mochten auch die englischen Aristokraten wieder einmal das Gesicht verziehen, daß sie sich wie bei der Army fühlten – ein Kupon, dann eine Mahlzeit, dann ein Stündchen freies Training –, sie erkannten dennoch, was für eine opulente Mahlzeit, was für eine völlernde Armee und was für eine durchtrainierte Freiheit all die Teilnehmer nicht nur bei dieser Tour beglückten, und also verstanden sie auch den Alleingang von Odd Berg, dem in seiner norwegischen Heimat unverstandenen Beamten der Elektrischen.

Es gab inzwischen, immerhin schon seit vier Jahren, auch in unseren sportiven Breiten eine ernstzunehmende Institution mit Promotionsgebaren; Leipzig hatte 1950 eine Sporthochschule aufgemacht, die für die DDR in den Jahrzehnten ihrer Existenz mehr Renommee erobern würde als die selbsternannten Einsteins aller anderen Institute insgesamt – auch Täve Schur ergründete in diesem Haus mit wissenschaftlicher Akkuratesse sein Herzklopfen vor jedem Start und holte sich sein sportliches Diplom, indem er das Porträt des Rennfahrers als Kilometerzähler und als tickendes Gesamtkunstwerk entwickelte. Auch ein Olympiakomitee der DDR gab es inzwischen, und es hielt sich hartnäckig die Fama, daß der Sachwalter, Genosse Ulbricht, bei der Gründung die Olympiaringe als erstaunte Anrede im kleinen Kreise vorgetragen haben soll: »Oh, Oh, Oh, Oh, Oh« – doch beim Turn- und Sportfest 1954 saß die festliche Begrüßung wie seit Jahren eingeübt und trieb fast hunderttausend Jugendliche zu Begeisterungsstürmen.

»Wir Masseure warten schon,
Wenn das Ziel passiert,
Und wir treten in Aktion,
Jeder wird massiert.
Schenkel und die Waden,
Klopfen, walken, schlagen,
Alle Muskel kneten,
Die verkrampft vom Treten
Ja nicht schmerzhaft dehnen.
Ja, ja!
Wir verstehen unser Fach,
Machen jeden fit,
So hält er am nächsten Tag
Mit den andern Schritt.«

Mittelständisch mußte man das Unternehmen dieses Rennens sicher nennen, vierhundert Beteiligte, vornweg das Gros der durchgeschwitzten, übers Rennen auf ihr Rad geflochtenen Athleten, hinter ihnen all die Funktionäre, die sich weltanschaulich dieser Fahrt verbunden hatten wie die Journalisten, die dieselbe Route fuhren, schließlich die Mechaniker, die Kraftfahrer, Masseure, Sanitäter und die vielen freiwilligen Helfer, die das Einmillionenpfundrennen erst überhaupt zum Schnäppchen für den Frieden machen konnten.

Wieviel Pfunde jeder Rennfahrer auf diesen manchmal fast zweitausend Kilometern drangab, blieb von Fall zu Fall verschieden, wieviel Pfund die Fahrt alljährlich kostete, hat allerdings seit jeher viele Neugierige interessiert, zumal es nicht nur eine Buchhalterherausforderung war, die Tickets für die Flüge, die Hotelkosten, die täglichen Buffets, die Preise und dergleichen hochzurechnen. Interessanter zu belegen war schon damals, welche menschliche Beteiligung bei diesem Rennen ins Kalkül zu nehmen war, die Zahl der freiwillig genähten Wimpel beispielsweise, die enorme Summe all der Flaggen, Transparente, selbstgemalten Schilder zur Begrüßung, die Millionen Fähnchen, die die Kinder schwenkten, die geschmückten Sträuße, die den Fahrern vor dem Ehrenstart noch in den Arm gelegt und vor dem scharfen Start von ihnen in die Reihen der geputzten Frauen und Jugendfreundinnen zurückgeworfen wurden – leicht kam mancher da auf hunderttausend Pfund im Groben, wieviel DDR-Mark das in jener Zeit gewesen sind, war gottlob keinem Steuerzahler beizubringen, denn die lasen in den zeitgenössischen Berichten, daß sie ohnehin am Rande eines Rennens standen, das zwar Hunderttausende verschlang, doch dafür auch Millionen zurief, seid umschlungen, es ist nicht nur für den Frieden, es ist auch für euren Mai, den ihr als Feier jedes Jahr erleben könnt, so ehrt ihr ihn, indem ihr ihn, zumindestens an diesem freien Tage, nützt.

Leipzig, 1956; Täve Schur sichtlich gezeichnet von der Jubiläumstour, seiner fünften Friedensfahrt

»Ritter der Pedale
Um silberne Pokale!
Jedes Jahr im Mai,
Wenn der Lenz im Land,
Schließen sie auf's neu
Ein festes Freundschaftsband!«

Die Tour geriet für kurze Zeit in einen schlechten Ruf und stand für Tage im Verdacht, man könne seiner Sachen nicht mehr sicher sein; ein Koffer war verschwunden und mit ihm Intimstes, ein höchst akkurat geordnetes Privatleben, geringer kann man es wohl nicht veranschlagen, vom Schlafanzug bis zum Rasierpinsel, vom Feinrippunterhemd bis zum Treviraschlips, um nur das Nötigste, was so ein Fahrer brauchte, zu erwähnen. Unrasiert beteuerte das Opfer, keinen Koffer in Berlin, vielmehr den seinen in der letzten Absteige verloren zu haben. Schon begann der Unglückliche, Phantasieinhalte seines Koffers für die staunende Versicherungsgesellschaft in der Heimat zu erinnern, referierte allerhand, was wiederum nicht unbedingt zur Rennausstattung zählte. Hier schon wird natürlich deutlich, daß der nunmehr schlipslose Kollege und sein aufgeräumter Koffer aus gesellschaftlich noch eher ungeordneten Verhältnissen zu kommen schienen, denn die Umstehenden aus dem volkseigenen Lager fanden es in jeder Weise aufschlußreich, daß es für einen Abgesandten aus der Welt des faulenden Kapitalismus schon genügte, seinen Koffer, überdies noch selbstverschuldet, zu verlieren, um mit krimineller Energie Versicherungsgesellschaften zu schröpfen, was moralisch vielleicht gerade noch zu tolerieren war, doch offenbar sogar schon reichte, über die sonst stets hochgelobte Organisation des Rennens herzufallen. Ein evidenter Vorfall, wie gesagt, denn der Kollege hatte seine Evidenznummer, die morgens, im Hotel, an seinem Koffer hätte hängen müssen, lieber ins Geheimfach seines Tweedjacketts oder in die Kragenecken eines seiner frisch gestärkten Hemden eingelassen und mit seinem Mißtrauen für einige Verwirrung bei den Direktoren der Veranstaltung gesorgt, doch eben auch noch einmal auf die Klarheit bei der übergroßen Zahl der Anhänger verwiesen, die sich täglich an die fortschrittliche Kofferordnung hielten.

Unsere Friedensfahrt war schließlich keine telegene »Rumpelkammer«, die in diesem Jahr schon programmatisch fünfzehn Stunden lang am Tag über die beinah dreizehntausend Fernsehschirme flimmerte; und selbst, wenn man bereits der Mattscheibe verfallen gewesen wäre und die klaren Bilder aufgegeben hätte, wäre man wohl im Zusammenhang mit unserem Koffer besser drangewesen, hätte man es mit Fred Frohberg und seinem ersten Hit gehalten, mit dem er im »Fernsehkarussell« für Ordnung sorgte, als er allen Kofferträgern in dem Song »Zwei gute Freunde« treuherzig, wenngleich in der Manier von konzertanten Fremdenlegionären, eins versicherte: sie würden niemals auseinandergehen.

Van Meenen trug das Gelbe noch auf der Etappe, die den Schluß des Rennens bildete; in Prag, so meinte er, gebühre ihm allein das Heil im Siegerkranz, erneut waren es die Dänen, die in ihrer unbezwingbar unerschütterlichen Art für eine Überraschung sorgten und die Träume des ambitionierten Belgiers platzen ließen wie die viel zitierten Seifenblasen, die gelegentlich in öffentlichen Waschsalons zerstoben. Prag sah den verträumten Sieger erst als Dritten in das Stadion stürmen, und der Plan von einer eigenen Wäscherei, die er von dem Salär als Profi, nach dem Sieg bei dieser Fahrt, wie sich versteht, eröffnen würde, ging ins Leere und das siegreiche Trikot erneut ins Königreich der Meerjungfrau. Van Meenen nämlich war allein auf weiter Strecke, ohne jede Unterstützung seiner Mannschaftskameraden abgeblieben, hoffentlich verstand er nun den Grundgedanken dieser Fahrt – das Geld, in jenem weit zurückliegenden Jahr zumindest, blieb, sogar in Belgien, ungewaschen.

»Als flitzte man durch immer neue Türen
und würf mit raschem Fuß sie wieder zu:
Lern grad Gewonnenes sekundenschnell verlieren:
Verlust gewinnt! Gewinnt Verlust im Nu …«

Der Neuling hieß Lisere, war Mechaniker und zuständig für die Behebung mancher eidgenössischen Misere, jedenfalls hielt er die Schaltungen der Kantonisten während dieser Fahrt im Jahre 1955 flott in Gang; er selber schaltete ein wenig langsamer, als er zum ersten Male hörte, daß auch die Mechaniker an jedem Ziel den Besten ihrer Sparte kürten, und der Beste, so die kollegiale Regel, war der Hilfsbereiteste, der, ohne Rücksicht auf Verluste in den eigenen Reihen, auch die Fahrer konkurrierender Nationen selbstlos in den Sattel hob, auch einem Engländer, wenn Not am Mann war, schnell mal den Franzosen rüberreichte und mit dafür Sorge tragen wollte, daß nie eine Mutter mehr den Ausschlag über Sieg und Niederlage eines Sohnes geben würde. Nun, das war tatsächlich nicht so einfach zu verstehen, bislang galt schließlich: wer den Schaden hat, braucht sich nicht auch noch um den Spott zu sorgen, der ihm ohnehin schon sicher war, nun sollte er ihn freiwillig verdoppeln und eventuell sogar den Marken auf die Felgen helfen, die den eigenen in die Speichen greifen wollten?

»Auf dem Podest dann
von links und von rechts
Händeschütteln, Umarmung;
doch ihre fröhlich funkelnden Augen
glänzen noch heller, wenn unter vielen
den einen sie schauen, dessen Herzschlag
ihr Motor zum Sieg.«

Zweifellos, die Welt schien ernsthaft aus den Fugen, und wenn nicht die Engländer mit ihrem sprichwörtlichen, unverwüstlichen Humor erschienen wären, hätte es vielleicht ein mittleres Desaster in der freundschaftlichen Tschechoslowakei gegeben; doch die Radler von der Insel scherten sich nicht um die festgeschriebene Solidarität im Fahrerfeld, sie gingen, wenn sie Hilfe brauchten, direkt auf die Menschen zu, die in den Häusern wohnten, aus den Fenstern blickten, auf die Straßen kamen und versuchten, die wie irrsinnig Vorüberrasenden mit Bed-and-Breakfasttagsgesichtern kurzzeitig zur Rast und zur Vernunft zu überreden. Tábors Hügellandschaft sonnte sich im Mittagsflimmer, nicht gerade das beste Wetter für die kühlen Radsport-Tories, die mit Edgar Jowers und Stan Brittain in der Spitzengruppe fuhren. Auf den guten Stan war zweifellos Verlaß, sein Mannschaftskamerad jedoch hielt irgendwann, im Schatten einer wunderschönen Buche, einfach die Maschine an und gab sich, voller Gleichmut, einem Picknick hin; um nicht ins Gras beißen zu müssen, aß er, was die Hose hergab, und schlief um ein Haar im Straßengraben ein. Doch das Geschrei des Hauptfeldes und der Verfolger weckte ihn, erneut bestieg er das, zumindestens an diesem Tag, gehaßte Rad und zuckelte, nicht gerade übertrieben ehrgeizig, der Meute hinterher. Doch schon im nächsten Dorf bog er erneut vom rechten Wege ab, er lehnte sein Gefährt an einen Gartenzaun, betrat das Anwesen und zog sich einen Stuhl unter den Hintern, dann bat er die Bäuerin um ein Glas Milch, indem er eine Kuh nachmachte, und zu Tisch. Und schließlich saßen unsere Zwei gemütlich unterm breiten Birnbaum, der, juchhei, jedoch so alt war wie die Hofbesitzerin, so daß sich Edgar noch einmal, am eigenen Schopf, aufs Rad flocht und beherzt das Weite suchte, wo der Rest der Fahrer, drüben in der grünen Au, schau, schau, und unterm Sonnendach, verschwand – es dauerte ein wenig, bis auch Edgar, unser Maschinist, begriff, daß man im Feld der letzte ist, wenn man den Frieden unterm Birnbaum und nur hinterm Gartenzaun erkämpfen will. Nun, da war Stan, der Tischler, tatsächlich aus einem anderen Holz, er kam in Dresden, weit vor Vesely, dem schärfsten Kontrahenten mit den mittlerweile etwas schärferen Geheimratsecken, in das Stadion und begann gerade, sich die baldige Begegnung mit dem einen oder anderen werktätigen Mädchenrock auf den geschmückten Stadionrängen vorzustellen, als der lange Jan, auf einem Laufrad allerdings, hereinschlich, er war leider keiner Schönen, sondern nur der so gefürchteten Defekthexe begegnet. Doch, von Mann zu Mann gewissermaßen, ließ Stan Brittain alle flüchtigen Amouren sausen, raste Jan, das eigene

Rennrad in der Hand, entgegen, so daß Vesely die letzten Meter auf der Aschenbahn im Stile eines Klassefahrers absolvieren konnte und am Schluß die Fahrt sogar noch als Zweiter beendete, vor Brittain übrigens, der erst als Dritter auf das Treppchen trat und späterhin, zu allem Undank, in der Heimat auch noch alle seine Preise, die er immerhin ja auch fürs königliche Vaterland erstrampelte, versteuern sollte. Der Bescheid war ungefähr in einer solch exorbitanten Höhe formuliert, daß ein Bekannter Stans damit sogar das Unterhaus beschäftigte – in England nicht nur ungewöhnlich, sondern einmalig und anders als im Leben und im Heimatland des Siegers dieser Tour, der sich, nach seinem Abtritt vom Pedal, als Abgeordneter der angetretenen Volksvertretung, kaum um etwas anderes als kleine Brötchen innerhalb der sportlichen Belange kümmern würde. Tja, der aufmerksame Leser ahnt es längst, wer vor Stan Brittain und Jan Vesely das Treppchen des Triumphs betrat: natürlich Täve Schur, der sich in der Berliner Stalinallee schon ins Gelbe hatte zwängen dürfen und es bis ins Stadion an der Weichsel trug. Er hätte sicher gern den Sieg in der so stolz geschwellten, eigenen Hauptstadt auch geholt, zumal hier nie zuvor ein DDR-Athlet gewonnen hatte, obwohl deren neue Straße nun die Fahrer schon zum vierten Mal begrüßte – aber da war unserem Champ aus Anhalt das bekannte Quentchen Glück vom Vortage nicht hold. Das stand, in diesem Falle, ungleich patriotischer und zünftiger, auf der Seite eines anderen, nämlich der von Benno Funda, einem frechen Plappermäulchen von der Spree – Berlina Kind und kleenet Wunda – und vor allem Schornsteinfeger von Berufs wegen, der im Berliner Stadion und in Anwesenheit Wilhelm Piecks sein schönstes Heimspiel absolvierte und zuerst Georgiew, dem bulligen Bulgaren, und dann Klich, dem Taktiker der Tschechen, Fersengeld gegeben hatte.

Täve wird es allerdings nicht sehr bekümmert haben, ganz im Gegenteil – der Star war da tatsächlich noch die Mannschaft –, denn zum unbestrittenen Held der Tour von 1955 wurde er ohnehin: Täve blieb es bis zum Ende dieser VIII. Friedensfahrt, die er zugleich mit mehr als acht Minuten vor Jan Vesely gewann, dem Erz-

Berlin, 1955; Benno Funda Etappensieger in der Hauptstadt,
zwei Handwerker beim Fachsimpeln

freund, dessen Namen Jan er später einem seiner Söhne gab; er blieb der Liebling seines Landes, bis zum Abschluß seiner strampelnden Karriere sowieso, doch auch bis an das Ende dieses volkseigenen Gemeinwesens, und in den späteren Erinnerungen und Verklärungen erst recht. Ein Jahr zuvor hatte Sepp Herberger Europa einen Tritt versetzt, die Männer um Fritz Walter buddelten in Bern den Stadionrasen um und schickten 1954 die Magyaren wieder an die Donau; klar, daß sich Heinz Florian Oertel da nicht mehr zu halten wußte, als er etwas Ähnliches, die Sensation fürs eigene Vaterland, vermuten durfte. Schon in Leipzig und beim ersten Sieg auf einer Friedensfahrtetappe überhaupt, den Täve Schur errungen hatte, fürchteten die Radiohörer um das Leben des Reporters, der berichtete, ein Schrei steige zum Himmel, ein Tornado, nur aus Beifall, decke Täve zu; es war jedoch sein eigener Schrei, und Oertel selbst war der Tornado, der vor Freude stürmte, als sich Täve, mit gut zwanzig Metern Vorsprung, ins zentrale Stadion warf, Heinz Florian entschuldigte sich, *ich muß meine Stimme etwas schonen,* rief er überkippend, *endlich können wir vor Freude schreien,* brüllte er erleichtert, *Täve wird eine Etappe, ganz sicher, gewinnen, hundert Meter noch, Verhelst kommt auf, Verhelst kommt auf, doch Täve hält,* ja, Täve hielt, was er noch nie versprochen hatte, Lothar Meister Zwei, ein Namensvetter aus der Dynastie der meisterlichen Fahrer, wurde sogar Dritter, Detlef Zabel Sechster, selbst Knecht Ruper landete noch auf dem achten Platz, so ungefähr zumindestens; die Sieben aber, so Heinz Florian, war eine ausgesprochene Glückszahl, denn die siebte, diese glückliche Etappe, war nunmehr vorbei. *Jetzt sind wir glücklich,* rief er seinen Hörern zu, *so glücklich, nun, das können Sie sich vorstellen, endlich, endlich hat es Gustav-Adolf Schur geschafft* – der offenkundig all die Rennen vorher für den rasenden Reporter eine ausgemachte Trödeltasche war – *ich freue mich so unsäglich,* erklärte Florian beredt, *für ihn, für Sie, für alle;* es klang wie in einer Bademittelwerbung jener Jahre und war sicher ganz genauso ernst gemeint, es war ein Bad in der vereinten Hörermenge – *hören Sie die Sprechchöre, die alle Täve,*

Täve, Täve, Täve rufen – mancher hat sie heute noch im Ohr, vielleicht als einzige, die nicht aufs Trommelfell und noch viel weniger aufs wenig vaterländische Gemüt einschlugen.

»Den Lutz quält ein Gedanke nur,
er will so sein wie Täve Schur,
doch wie fängt man das richtig an,
daß man so stark sein kann?
Ist der Weg auch weit, Kleinigkeit,
jederzeit start-be-reit …«

Zwei belgische Kollegen hatten 1956 kurzzeitig, in einem kleinen Ort bei Łódź, der Webermetropole Polens, ein Malheur, und dies, obwohl die Stadt gemeinhin als der freundlichste Etappenort der Piste überhaupt zu gelten hatte, der gelegentlich sogar mit Helikoptern Blumen auf die Fahrer streute und in dem man sich durchaus in das bekannte Lied »Für mich soll's rote Rosen regnen« eingemeindet fühlen konnte. Doch den beiden drohte, wie es schien, ein mildes Ungemach, falls sie dem polnischen Gendarmen nicht auf Anhieb und die Frage antworteten, was an seinem Dorf wohl das Besondere sei. Sie lobten irritiert das Blumenmeer, das paradoxerweise in der Nähe kürzlich noch vom Himmel regnete, sodann all die geschmückten Häuser, die Girlanden, Wimpelketten, aufgeputzten Stalinez-Traktoren, schlossen selbstverständlich auch die gackrigen Genossenschaftlerinnen in die flink entworfene Hymne ein; Not macht erfinderisch, allein, das Lob genügte dem Gebietsverantwortlichen nicht, die Falten unter seiner Mütze zogen sich zusammen, ein Gewitter schien heraufzuziehen, bei dem es keine Blumen, sondern Strafbescheide pieseln würde. Plötzlich aber zeigte sich der Ordnungshüter von so vielem Unwissen gerührt und unseren Ahnungslosen doch noch, wie die rechte Antwort hätte lauten müssen, denn er wies sie auf die Hunde hin, die in völliger Geschlossenheit schon seit Stunden an der Kette lagen, um sich nicht in irgendeiner Weise in die Waden unserer freundschaftlichen Kombattanten und in die Idee des Friedens zu verbeißen. Nun, die Hunde bellen, doch die Karawane, sie zieht weiter ihren Weg, zitierte der Reporter aus der DDR sein leninistisches Examenswissen, denn, ganz anders als die beiden Belgier, hätte jeder seiner ostdeutschen Kollegen beispielsweise sofort locker Auskunft auf die Frage geben und so seinen Kopf auch ohne fremden Großmut retten können. Denn vor einheitlichem Übermut, den unsere festlich aufgeputzten Menschen hierzulande zeigten, rieten, alle Jahre wieder, heimische Gazetten mit besorgtem Eifer ab: Man solle keine Blumen werfen, warnte jede zweite Zeitung, und im übrigen auch sämtliche der weiteren Hinweise beachten: Landsleute zum Beispiel, die in ländlicher Umgebung unserer schönen Metropolen lebten, sollten unbedingt ihr Kleinvieh einsperren, damit es, wenigstens in diesen Stunden, keinen Mist anstelle. Auch von falschem, bäuerlichem Mitleid wurde dringend abgeraten, und ein Kommentar wies an, nicht eimerweise Wasser auf die Fahrer zu vergießen, was ganz offenkundig häufig in den Vorjahren geschehen war. Um vieles noch gefährlicher war freilich, einem Ritter der Pedale bei Defekten beizuspringen, schließlich konnte man, als aufdringlicher Kettenspanner etwa, gerade so den Sportsfreund völlig aus dem Rennen werfen. Friedensfahrer waren Friedenskämpfer, die auch ohne fremde Hilfe fest im Sattel sitzen mußten, denn sie hatten – holte man die alte Losung aus der Arbeiterbewegung, sozusagen, auf die Straße – nichts als ihre Ketten zu verlieren.

»Ketten werden knapper und brechen sowieso,
wie junger Rhabarber, wie trockenes Stroh
an der Hand des Riesen, der tausend Nasen hat,
der braucht nur zu niesen und wendet das Blatt.«

Die Azzurri fuhren wieder mal in Blau, und sie bewachten mit mafiosem Mißtrauen die befreundeten Rivalen, um das Feld endgültig aufzuteilen und auch den Gewinn der Siegerkränze und die Märkte zwischen Prag, Berlin und Warschau neu zu ordnen; Bruni, bärenstarker Sprintexperte, war der Joker dieses ehrgeizigen Unternehmens, und der Argwohn seiner Mannschaftskameraden schien begründet, denn als er an der Verpflegungsstelle hinter Wrocław den Proviantbeutel empfing, befand sich darin nicht die langersehnte Flasche Tee, vielmehr ein Posten Haferschleim, den er entsetzt ins Fahrerfeld versprühte. Klar, daß just am Hinterrad des Favoriten unser Täve klebte, was man beinah wörtlich nehmen mußte, denn auf dessen Knie nahm Brunis abgeworfene Ladung erst einmal Quartier – doch Täve, guterzogener Handwerksspröß, bedankte sich bei seinem längst als einem Meister Ausgewiesenen, der allerdings beim besten Willen nicht vermuten konnte, daß sich unsere volkseigenen Teilnehmer der Tour gern als verwöhnte Süßschnäbel behandeln ließen. Lediglich die vielzitierte Überlegenheit des Fahrerlagers aus der Sowjetunion mag ihm schon damals, kurz und schmerzhaft, aufgegangen sein; denn die errang den ersten Mannschaftssieg seit ihrer Teilnahme. Die legendäre Squadra sank, fernab von Capris Sonnenuntergang; die jahrelangen, taktischen Erfahrungen der sowjetischen Feld-Forschung im internationalen Lager hatten sich zum ersten Mal bezahlt gemacht. Dennoch war es beinahe nicht zu glauben, daß die Gratulantinnen den lockigen Werschinin damals schon mit einem Adler – womit sonst – verglichen und ihm schwer die Daumen drückten, das den Neapolitanern, Sizilianern und Triestern ausgezogene azurblaue Trikot mit seinen Jungs bis Prag nicht wieder abgeben zu müssen. Und Werschinin, großgeworden mit dem Einschlaflied des kleinen Stalin, das ihm seine Mutter jeden Abend sang, ließ sich beinah, mit einem Blick auf all die friedliebenden Krähen ringsum, in einen klassenkämpferischen Schlummer wiegen:

»Doch da packt ein Vögelein
mit scharfer Kralle,
Birgt in dichter Wolke sich im Schwunge.
Wachs heran, mein lieber Junge,
stürz den Räuber, daß er köpflings falle.«

Leicht gesagt im Angesicht damaliger Triumphe, die sich später allerdings, in Ost und West, oft bestenfalls als Tagessiege, wenn nicht folgenreiche Niederlagen zeigen sollten: beispielsweise jener, den man über Willi Daume, Präsident des bundesdeutschen Sports, davontrug, weil der seinerzeit den ersten Start auch einer westdeutschen Equipe nicht länger mehr verhindern konnte, wenn er auch den Daumen noch so sehr und sogar international auf diesem Thema hatte; doch in späteren Betrachtungen schnitt ausgerechnet er als Friedensengel ab. Die Friedensfahrer aus dem freiheitlichen Lager aber galten als verrückte Abenteurer, die sich, wie das ungezogene Kind im Märchen, ins verbotene Zimmer, hinter einen eisernen, geschichtlich längst schon rostverschlissenen Vorhang wagten und insofern die Freiheit insgesamt gefährdeten.

Rekordmannschaft in diesem Jahre war im Gegenzug der SC Wismut aus Karl-Marx-Stadt, der mit Super-Kicker Willi Tröger einhundertundzehntausend Verrückte ins Zentralstadion von Leipzig lockte, die mitansehen mußten, wie die Spieler um Fritz Walter und den 1. FC Kaiserslautern triumphierten und mit einem 5:3 nach Hause fuhren. Zwei Jahre später standen sie beinah im Halbfinale eines europäischen Pokals, doch eben nur beinah, das machte gar nichts, schließlich holte Wolfgang Behrendt dafür unser erstes Gold in Melbourne bei den Sommerspielen, und zu den Vergleichen bei den Winterspielen in Cortina startete ein Team aus Ost und West, ein Bund, der immerhin bis 1968 halten sollte.

Eine Mannschaft zählte im normalen Fall ein halbes Dutzend Fahrer, und auch aus Ägypten kamen Sechse durch die ganze Welt, ein Kairoer Gemüsekutscher, der ansonsten auf dem Lieferdreirad fuhr, ein ausgebildeter Barkassenführer, der den Suez täglich rauf- und runtertuckerte, natürlich auch ein revolutionärer Militär im Sportdress – alle aber hatten, neben ihrer unbedingten Friedensliebe, die sie in das Rennen führte, eins gemein: sie hatten nie in ihrem Leben Schnee gesehen, und selbst die Erzgebirgsbewohner staunten, als im Mai die Flocken tanzten. Für die radelnden Phönizier allerdings bedeutete das Wetter eine Katastrophe, einer nach dem anderen stieg vom Sattel, und der letzte kam an seine Grenze, als er sich dem ersten Hause näherte, in dem man tschechisch sprach. Er warf seine Maschine in den Schnee, betrat das Anwesen, der Schlag ans Hoftor, anders als in jener bitteren Überlieferung eines Dichters aus der Goldenen Stadt, war von Erfolg gekrönt; die Bäuerin erschien, so gar nicht böse und mit einem Handtuch, in der Tür, sie zog den Fröstelnden herein, entkleidete ihn ohne Worte, die er ohnehin wohl kaum verstanden hätte, steckte ihn in einen Bottich und verwöhnte ihn mit dampfenden Getränken – eine filmreife Begebenheit, und deshalb wurde just an dieser Stelle, also kurz vorm Happy-End, wie immer und gewöhnlich, die Geschichte abgeblendt.

»Ja, zur Liebe, da gehört
Nun auch einmal das Vertrauen,
Sonst ist sie wenig wert,
Um ein Leben aufzubauen.«

Die Sportfreunde zu Hause aber blieben bei den eher unverfänglichen Beweisen ihrer Zuneigung; so manche Brieffreundschaft entwickelte sich zwischen den befreiten Amateuren aus Nordafrika und den begeisterten Verehrern hierzulande. So bedankte sich ein Brieffreund unserer Heimat bei dem schwarzbärtigen Partner, daß er durch die regelmäßige Korrespondenz ganz unbemerkt und beinah ohne Müh in den Besitz des Angelsächsischen gekommen sei, ein Umstand, welcher um so interessanter schien, da sich der jugendliche Schreiber aus dem Sächsischen gerade bei den jungen Seestreitkräften unseres Landes eingeschrieben hatte. Und weil das in jener Zeit noch einen hohen Grad von Freiwilligkeit aufwies, wird ein Schelm nur dabei Arges wähnen und Zusammenhänge herstellen, die albern sind. Der dunkle Freund indes erwiderte aus seiner Hafenstadt erfreut und in ganz offenkundiger Verkennung, wo sein Briefpartner tatsächlich angeheuert hatte, daß er sich auf den Besuch des Schiffes freuen würde, wenn es einmal in Port Said vor

Anker gehen würde – nun, da schienen sie sich auf unterschiedlichen Kanälen zu bewegen, doch das kleine Mißverständnis blieb bekanntlich ohne folgenreiche weltpolitische Verwicklungen. In der Erinnerung der Bürger hierzulande aber sicherten sich die Ägypter ihren Platz für alle Zeiten, dank des Landesvaters Walter Ulbricht und des unvergeßlichen Besuches, den auch solche Brieffreundschaften vorbereiteten und den er mit Frau Lotte, Jahre später, Gamal Abdel Nasser und der revolutionären Republik gewährte – danach hieß er nur noch Gammel-Walter oder nasser Ulbricht, und das Buch, das Lotte über die Visite selbst geschrieben haben soll, war ein Geheimtip aller hämischen Naturen und Antiquarianer; seinerzeit erhielt es seinen legendären Kosetitel, heute zählt »Lotte am Nil« zum Besten, was die frühe feministische Bewegung in der DDR hervorgebracht hat.

»Was soll uns das Fragen –
es brennt in den Tagen
das Herz, daß der Sieger
der Friede sei!«

Die neuen Kowalit-Schlauchreifen aus dem Gummikombinat in Waltershausen hatten ihre Feuertaufe, wie erwähnt, längst bravourös bestanden, und zwar nicht nur auf der schnellen Kiefer des Ovals der Ostberliner Seelenbinder-Halle oder beim Sechs-Tage-Rennen, sondern selbstverständlich auch in anderen, gutgeheizten Radpalästen, wo bereits die Fichte aus Sibirien, jene rappelschlanke Nadel, dominierte, ein Exportschlager der ruhmreichen Sowjetunion für westliche Kriterien schon damals, der, aufgrund der sträflich guten Arbeitskräftelage der Region im tiefen Rußland, billig und zudem ideal war, weil er ohne jede Unebenheit aufwuchs. Fichten aus Sibirien seien flexibel wie sonst nirgends auf der Welt, so warben seinerzeit begeistert die Veranstalter, die Kilofestmeter um Kilofestmeter aus Rußland in den Westen fuhren und das Langholz dort mit Tausenden von Stiften in den Neubauten der Sportbegeisterten vernagelten, so daß es heut noch wie ein Wunder scheint, daß beinah nie ein Reifen in der Westkurve zerplatzte. Doch das neue Gummi aus der DDR war selbst auf schlimmsten Straßen – nun, wo sonst – getestet worden, und es zeigte sich als griffig, spurtreu und so widerständig, daß selbst die befreundeten Athleten Westdeutschlands an irgendeinem Punkt auf ihre Knieschützer gefallen waren und die DDR-Mechaniker gebeten haben sollen, ihnen ein paar volkseigene Kowalit-Reifen im Tausch gegen die anderen, privateigen gummierten Contis, zu vermachen. Vier zu eins vermutlich, statt des sonst gebräuchlichen Verhältnisses von eins zu vier. Nicht nur die Radlerwelt stand auf dem Kopf, auch die Geschichte schien verdreht, denn schließlich waren die Waltershausener, Jahrzehnte früher, einmal Conti-Arbeiter gewesen, von der Mutterfirma aber irgendwann verstoßen worden – nunmehr hatten sie, nach damaliger Lesart, den Beweis erbracht, daß längst nicht nur beim Stahl aus Krupp inzwischen Krause, sondern auch beim Gummi längst aus Conti Kowalit geworden war. Und selber schuld daran waren ganz allein die Spalter, die im Inter-Conti saßen und nie etwas anderes als Champagner tranken, stinkende Zigarren rauchten und den gut bereiften Frieden in den Straßengraben wünschten, aber ihre Reifen auf den Pisten nur zu schlecht und das Profil der Menschen an den Straßen gar nicht kannten.

»Und Rufen und Winken,
im Sonnenlicht blinken
die sausenden Räder,
und jetzt kommt das Gros.«

Die Schweizer waren 1957 so neutral wie eh und jeh, doch ihre Fahrer wurden immer unabhängiger, das heißt, sie kamen dem ausschließlich Amateuren zugedachten Rennen mehr und mehr abhanden, denn ein Unabhängiger war schon an sich ein halber Profi, für die Friedensfahrt und ihre Satzung aber ganz und gar verloren. Doch die Dauergäste aus der Schweizerhöhe – alles andere als ein exklusives, eidgenössisches Hotel, vielmehr das gleichnamige Kinderheim bei Jena – wollten sie noch einmal sehen und bündelten, wie ihre großen Vorbilder, die Kräfte. Manche Altstoffsammlung holte ihren Traum, den Fahrern im Zentralstadion von Leipzig zuzujubeln, immer näher, aus dem Reich der Phantasie in das des wahren, kurz, des neuen Lebens. Auch der Wald blieb nicht vor ihnen sicher, denn die Wildfänge versuchten, selbst durch Wildfrüchte ihr Handgeld aufzubessern, doch: die Mühe war vergebens, der Erlös der kollektiven Anstrengung verblieb in ihrer Gruppenkasse, denn sie wurden eingeladen, zur Belohnung für ihr rührendes Interesse gratis an ihr Ziel und in die Messestadt zu kommen, ja, so konnt' es gehen, die Zeiten blieben unberechenbar, im Bösen wie im Guten.

Es ging abwärts – Gott und der Partei sei Dank jedoch nur mit den Preisen; die sanken für Textilien, also auch für manches Radfahrertrikot, um gut ein Drittel, auch für Schuhe, Jacken oder Mützen ging es in den Keller. Radioapparate kosteten nur noch die Hälfte, und man konnte sicher sein, daß sich so die Familie derer, die die Friedensfahrt alljährlich am Empfänger mitverfolgte, schlicht verdoppelte. Selbst Kameras waren, wenn auch längst noch nicht erschwinglich, billiger geworden, und so mancher konnte seine Helden jetzt schon häufiger privat ablichten. Doch die wichtigste von allen Maßnahmen betraf die Basis: Fahrräder verbilligten sich bis auf fast ein Drittel ihres ursprünglichen Preises, wenn auch immer noch nicht klar war, wo es diese preiswerten Velozipeds zu kaufen gäbe.

Auf dem Prager Altmarkt war die riesige Erschütterung bis in den letzten Pflasterstein zu spüren: Kolumbet wird nicht mehr starten, hieß es, Nikolai aus der Sowjetunion, der unerschütterliche Kämpfer nicht nur auf den Straßen, sondern für die Würde ganz besonders auch des anderen Geschlechtes und stets dort zu finden, wo er nicht nur seine Rennmaschine, sondern auch die Emanzipation der Frau zum Siege führen konnte, gerade ihm nun widerfuhr das undankbare und vielmehr noch undenkbare Mißgeschick. Er nämlich hatte sich nicht, bloß, um eine Kleinigkeit an seinem eingerissenen Trikot zu flicken, extra einer von den vielen, schönen Näherinnen nähern wollen, sondern beherzt zum eigenen Zwirn gegriffen, allerdings nicht mit der Hand, er tat es, ungeschickt, mit seinem Fuß, denn während seiner kleinen Nähverrichtung riß der Faden der Geduld, die Nadel fiel zu Boden. Nikolai fand sie erst wieder, als sie fest in seinem Ballen steckte; weiß wie Schnee das traurige Gesicht des Kämpen, rot wie Blut die leergeweinten Augen, schwarz wie Ebenholz die Zukunft jenseits all der bisher so erfolgreichen Etappen. Noch im Vorjahr war der Schusterjunge, ohne jede Vorwarnung, bei seiner ersten Friedensfahrt gleich auf dem dritten Rang gelandet, nun ging ein Ersatzmann für den Pechvogel ins Rennen, Kolumbet im Flugzeug aber dachte über leichte Kettenhemden und Trikots nach, die man kleben konnte; nur das Gelbe sollte vielleicht, als das wertvollste, auch weiterhin von Hand genäht sein. Denn wie wichtig das Trikot des Siegers war, erwies sich spätestens ein weiteres Mal gerade in der DDR-Hauptstadt, wo es – verschwunden blieb, vertan mit deutscher Gründlichkeit und noch dazu im Herzen preußischer Korrektheit. Stalins Magistrale zitterte mit ihrem Führenden, der, ohne Hemd, Sekunden vor dem Start, nervös die Deutsche Sporthalle bewunderte; noch stand das Bauwerk, Jahre später würde es zusammensinken, schon gebrochen, eh erblüht, der Aufgeklärte kennt das ganze Drama. Denn noch ehe je ein Sportreporter, ein Athlet oder auch nur ein Volkssportler ihr Inneres betreten hatte, war sie im Besitz frappierender Rekorde, denn ein solches Bauwerk in nur hundertachtzehn Tagen aufzustellen, hatte in Europa nie jemand zuvor vermocht. Zu den gesellschaftlichen Höhepunkten sollten unsere Menschen hier zu Tausenden hinein- und kampfbezecht und siegestoll wieder herausströmen. Man zog vorbei an Nachbildungen der sportiven Helden Schlüters, deren Vorbilder dereinst noch das gesprengte Stadtschloß schmückten, aber trotz der schönen Leiber wirkte ihr Profil hier vornehm deplaziert. Den Säulen des Entrees hätten Thoraks oder Brekers Recken vielleicht eher Schutz geboten und so dem Bau zu dauerhafter Festigkeit verholfen. Denn ein solch' Gewimmel wie zum Beispiel bei der Auszeichnung der Friedensfahrer hätte Kolossaleres erschüttern können, wunder nimmt es also nicht, daß irgendwann im Glanz der durchtrainierten Deutschen Sporthalle die ersten stumpfen Risse sichtbar wurden. Walter Ulbricht mag ein Übriges geleistet haben, als auf seine überlieferte Bemerkung – *Hier nun sind wir Jugendlichen unter uns, ja* – dionysisches Gelächter alle Wände wackeln ließ. Die waren zudem aus abenteuerlichen Materialien wie Karbidschlamm, Gips und anderem Ersatz gefügt, und später fand und bot die schüttere Halle so nicht länger Halt, sie wurde abgerissen und beinah vergessen – so wie unser Spitzenreiter, der allerdings noch stand, und auch die Menschen hielten fest zu ihrem Führenden. Auf einmal kam, dem Himmel sei's gedankt, ein Hubschrauber herabgeschwebt, und das Trikot, bekleidet nur mit dem Berliner Bären, sank auf seine Schultern. Welch ein klasse Einfall, allenfalls noch überboten vom Konfettiregen und der Stimmung in den Herzen unserer Hauptstädter, im besten Fall vielleicht auch noch von der Idee, die Poulsen, jenen einfallsreichen Dänen, in der hier schon lobenswert erwähnten Grenzstadt Görlitz doch noch unerwartet bis ins Ziel trug. Jener Poulsen nämlich entwand nach einem Reifenschaden einer Dame, unter anfeuernden Rufen der Bevölkerung, das altersschwache Einkaufsrad, im Tausch gegen die eigene Rennmaschine, immerhin mit einer Trinkflasche am Rahmen, die das Warten leichter und den vielen Neugierigen lange Hälse machte, und flog so, den Sattel ungefähr in Wadenhöhe und im Damenfreistil, in das Stadion herein. Die Hausfrau mit den schweren Taschen brauchte eine Stunde, um zu Fuß nach Haus zu kommen, doch die Zuschauer bejubelten den unverfrorenen Klaumeier und setzten ihm die Landeskrone auf – was waren das für Zeiten, wo man solches Unbetragen noch als Kavaliersdelikt betrachtete, wenn man es nicht sogar als Friedenstat bejubelte.

»Wenn der Wind, wenn der Wind übers Stadion fliegt
und wir uns im Wettkampf vergleichen,
dann ist nicht entscheidend, wer wen besiegt,
wenn wir das eine erreichen.«

Was sollte da wohl aus der Jugend werden, die aufs Fahrrad angewiesen war wie auf die Leuchtkraft solcher friedfertigen Rennen, auf die erzieherische Wirkung so bescheidener Idole ebenso wie auf den Kampfgeist solcher freundschaftlichen Wettbewerbe? Denn wer damals und als Kind zu spät kam, den bestrafte oft genug das Radlerleben, und zwar damit, daß er sicher auf den Plätzen, aber eben nicht den besten seiner Schule landen konnte. Echte, junge Radrennfahrer nämlich gab es seinerzeit schon viele, fast so viele wie die zahlreichen, illustren Vorbilder, die von den Wandzeitungen lächelten, doch es gab viel zuwenig Fahrradständer, all die Ehrgeizigen aufzunehmen, ein gewisses Mißverhältnis, das sie zeitig prägte, denn schon auf dem Schulhof maßen sie die Spanne aus, die zwischen Illusion und Wirklichkeit zu liegen schien und für das Land, von seinem Anfang bis zu seinem Ende, offenkundig bleiben sollte. Echte Landeskinder also lernten früh, daß man mit seinem Rad sehr schnell im Regen stehen konnte, wenn man, unbedacht, den Anschluß an die klugen Führenden verlor. Der Wettbewerb der Halbwüchsigen wurde daher früh schon und mit großem Ernst, von unseren Pionieren der Pedale selbst, auf jedem Pausenhof organisiert, und damals drehte er sich allenthalben und in erster Linie um die Art der Bremsvorrichtung ihrer Räder.

Wer zum Beispiel noch die alte Stangen- oder Backenbremse und das abgelegte Damenfahrrad Omas fuhr, war beinah schon gesellschaftlich geächtet, denn die Felgenbremse hatte jeden Fuhrpark vor dem Schulgebäude längst erobert. Für die Jungen war der Umstieg von der einen auf die andere Bremse ein sozialer Aufstieg, der nur dem der Eltern glich, die es vom Tischfernseher endgültig zum Standgerät, wenn nicht zur noblen Fernsehtruhe brachten, oder dem der Westverwandten, deren PKW sich in den Fünfzigern von der geteilten Frontscheibe zur durchgehenden mausern mußte. Wer nun damals schon von unseren radelnden Eleven sogar zwei der tollen Backenzwingen für die Tempodrosselung nutzte und sich vor den Jugendfreundinnen im Leerlauf drehen konnte, war beinahe schon so etwas wie ein pubertärer Parvenue, ein Aufsteigender, der es irgendwann einmal zum Markenzeichen und Idol des ganzen, kleinen Landes bringen konnte und dem niemand gleichen würde – außer Täve, ihrem Täve, der sogar die Friedensfahrt schon einmal, ganz allein, gewonnen und auch bei der diesjährigen Tour die Jungs des eigenen Teams auf Vordermann gebracht hatte, das mußte man wohl wörtlich nehmen.

Fünf Minuten lag die DDR-Mannschaft hinter der polnischen zurück, das letzte Ziel der Fahrt hieß Warschau, wem wären da noch Zweifel am Gesamtsieg der Ulanen eingekommen? Aber noch war Polen nicht endgültig auf der Siegerstraße, Täve peitschte seine Jungen gnadenlos nach vorn, die stoffbespannten Radioapparate in der Heimat bebten, in den Werken und Betrieben stand der Atem der Belegschaften so still wie die gesamte Produktion, selbst die, die immer in den Klausen ihrer Heimatorte saßen, hielten für Momente ein und spürten, statt der kühlen Blonden auf dem Mund, den heißen Atem der Geschichte übern Tresen wehen. Und tatsächlich, Täve hetzte erst den Jugoslawen Petrovich, dann fuhr er Paradowski, Polens pferdestarkem As, in die Parade, schließlich holte er, nicht ohne Schmerzen, die Kastanien aus dem Feuer – was für eine mutige Aktion, und was für ein gewagtes Frühlingsbild, doch darauf achteten in diesen Stunden höchstens krümelkackerische Elemente ohne jeden Funken patriotischen Empfindens. In der Botschaft unserer Republik in Warschau gab sich, kurzentschlossen, ein enthusiasmiertes Paar das Ja-Wort, und in Leipzig schlugen vor Begeisterung die Wogen so hoch, daß sogar die Fußballamateure alle Vorsicht fahren und die dribbelnden Waliser Profis einfach stehen ließen, zwei zu eins besiegten unsere Nobodies an diesem Tage die berühmten Ballkünstler. Und Täve Schur, der seinem Tagebuch in Łódź noch Sitzbeschwerden anvertraut hatte, schien diese ganz

Der Berg ruft in Meerane; wer von der Friedensfahrt erzählt,
kommt um die Steile Wand nicht herum

unversehens losgeworden, denn er flüchtete vor seinen Mannschaftskameraden, die ihn in den letzten Tagen, streckenweise sozusagen, immer wieder hatten in den Orkus schicken wollen und ihn nun auf Händen trugen.

»Der lederne Ball hüpft über den Rasen.
Hunderttausend Zuschauer. Hunderttausend Ekstasen!
Wie viele unter all den sportlichen Mannen,
die den Tag mit Rumpfbeugen begannen?«

Bange Frage, doch es gab tatsächlich noch viel wichtigere, größere, als sie der Dichter stellen konnte, denn: ein Telegramm verschwand im Sozialismus, zwischen Sofia und der Weichselmetropole war es irgendwo verschollen, anders als der Drehstab, der ganz plötzlich vor der Tür des Direktoriums stand. Denn schließlich hatte Landsmann Christow die vergangene Friedensfahrt gewonnen, und nun fuhren die Fernsehleute, klotzig wie Geheimdienstler aus ihrem Heimatland, mit einer überbreiten Limousine vor, lautstark beteuernd, schon seit langem avisiert zu sein. Ein Mensch in jenen Jahren, zugegeben, konnte schon einmal verschwinden, aber eine wichtige Depesche aus Bulgariens Metropole nie. Doch: ausgebucht hieß ausgebucht, man war im Jahre 1958, und es wunderte sich mancher, daß in einigen der Orte überhaupt ein Fremdenhof zu finden war. Im Falle der Bulgaren allerdings war eine findige Idee gefragt, und schließlich fiel der Blick des Feldquartiermeisters auf die gewaltige Karosse, Platz für mindestens zwei gute Lager, Glück im Unglück für die Unwillkommenen, aber auch der Grund, im nächsten Jahr die Vorschriften für die Begleitfahrzeuge zu erweitern, was indessen hieß, die Breite jener schwarzlackierten Luxuskreationen zu verringern; jedermann, der sehen konnte, sah darin die unverhüllte Absage an den sowjetischen Automobilbau, den Beginn einer Gegenliberalisierung auf der ganzen Strecke, die man nur als Anfang künftiger Entwicklungen verstehen konnte.

Täve Schur im wertvollen Erfahrungsaustausch mit Walter Ulbricht
über leere Kelche; Trainer Werner Schiffner hält sich zurück

Hierzulande aber ging ein fortschrittlicher Kelch an unseren Radsportlern vorbei, den unser volkseigener Mobilbau bis zur letzten Neige leeren sollte: Gott sei Dank blieb selbst im höheren Stadium unserer Gesellschaft weiterhin ein Stahlroß noch aus Stahl, was man beileibe nicht von allen anderen Fortbewegungsmitteln sagen konnte. Baumwolle und Kunstharz, Holzstaub und ein höherer Anteil gut verrührter, hochprozentiger Vinylchloride wurden nicht nur zu dem frischgepreßten Werkstoff Duroplast, vielmehr auch in die neue Form des Trabis umgegossen; der P50 fuhr, bergab und vollbeladen, hundert Kilometer in der Stunde, hatte achtzehn Pferdestärken und erinnerte mit seinem Namen an die planetarischen Manöver der befreundeten Genossen, die Sputniks um die näheren

Trabanten kreisen ließen, allerdings noch ohne Hamsterhaken, der in der bewegten Tauschwirtschaft der gutfahrenden Anhänger dann unerläßlich wurde, natürlich ohne die Durchrostungsgarantie – die hätte jeder Trabi auch für hundert Jahre liefern können.

Die Hitze auf dem Weg nach Leipzig war erbarmungslos, die Herde schrie nach Wasser, *gde Buffet!,* der Ruf des kleinen Boris Bebenin ließ Egon Adlers Herz erbeben; er verstand zum Glück die Sprache der Befreier, was ihn vorteilhaft zum Beispiel von den Italienern unterschied – die hätten eher das Wort Buffo rausgehört und vielleicht angefangen, Bebenin ein Ständchen vorzutragen – doch so wechselte, voller Verständnis, eine Seltersflasche flugs die Seite, Boris trank die eine Hälfte, dann nahm Egon einen tiefen Freundschaftszug – teile statt herrsche, hieß das Motto. Selbst Stan Brittain, ja, der alte Stan, bekam Probleme und verlor für Augenblicke die so hoffnungsvolle Perspektive hinterm Horizont, er schielte mal nach links und mal nach rechts zum Straßenrand, ob sich nicht doch ein kleines Kollektiv zum Picknick fand und vielleicht achtlos irgendeine kleine Flasche auf die Seite brachte. Und tatsächlich, Stan erspähte just ein Schlückchen Selters und ein mitfühlendes Lächeln. Schon versuchte einer aus der Runde, unserem langen Haudegen die Flasche einfach zuzureichen, doch der winkte mit der Tischlerpranke ab, es wär das Aus gewesen – fremde Hilfe für den Frieden widersprach dem Reglement, und Stan beschrieb mit seiner freien Hand die knittrigen Gesichter der Juroren, eine Geste, die der Mensch vom Straßenrand sofort verstand. Er stellte seine Flasche ab, als wolle er, für kurz nur mal im Wald verschwinden, Stan ergriff sie, flüchtete vom Tatort und vor der Entdeckung so geschwind, wie er bei einer ganz normalen Aufholjagd vermutlich nie gewesen wäre, Durst ist schlimmer als die Furcht vorm Heimweh, diese unbekannte Redewendung war schon seinerzeit in aller Munde. Stans Manöver mußte im Verborgenen geschehen, zum Schutz der Königin und all der preisgekrönten Interessen, die im Rennen lagen. Doch den italienischen Etappensieg in Warschau feierten gleich Hunderttausende, wie es auch in Berlin ganz zweifellos geschehen wäre – schließlich hatte es Italien in nur kurzer Zeit zum Lieblingsziel geheimer Sehnsüchte der meisten Deutschen bringen können – gen Italien, witzelten frivol all jene, denen selbst noch die paar Lire fehlten, um sich auf Sizilien einzumieten, eine Reise in den Süden war für andere chic und fein, die meisten aber hierzulande mußten häufiger, als sie es wollten, übers Jahr zu Hause sein. Die polnischen Kollegen indes schenkten Bariviera sogar, für den sommerlichen Trip an die Riviera, ein verchromtes Motorrad und eine Vase, echtes Meißener Porzellan, damit er, mit dem guten Stück auf seinem Sozius, nicht zu schnell fuhr und den Radsportfreunden auch noch in den nächsten Rennen Freude machen würde. Außerdem war Bariviera Römer, und da konnte man ihm sicher kaum mit Glaszeug aus Venedig eine Freude machen.

> »Denn wer Freude will, der muß sie schützen
> und die Jugend nützen in der Zeit –
> So im Ernst und Spiel
> gehn wir vom Start durchs Ziel
> mit dem Mut, der Schwingen uns verleiht. – «

1958 wurde das Gesetz erlassen, gegen das die jungen Bürger wohl am häufigsten und Gott sei Dank auch folgenlosesten verstießen; 60:40 hieß die Regelung und war alles andere als ein Tauschkurs, sondern die zentrale Vorgabe für Veranstaltungen aller Art, daß die weit größere Hälfte der gespielten konzertanten Melodien gefälligst aus dem Osten kommen müsse, daß also auch auf unseren Patronaten jeder Befall von westlichem Musikbazillus eisern zu bekämpfen war. In Leipzig wurden kostenlose Tanzkurse zur Einstudierung eines neuen Schrittes eingerichtet, »Lipsi« hieß die Kampfansage an den Rock'n'Roll, doch just in unserer Messemetropole gingen Jugendliche nicht ins Tanzlokal, sie riefen zum Tanz lieber auf die Straße.

»Wir wollen keinen Lipsi,
auch nicht Alo Koll.
Wir wollen Elvis Presley
und den Rock'n'Roll.«

Papa, du bist so reizend, trällerte zwar Julia Axen im Amiga-Cocktail von Heinz Quermann, doch die Väter reagierten hart und sperrten ihre aufmüpfigen Kinder für die kleine Frechheit Jahre hinter Gitter.

Es waren noch die Anfangsjahre, als die Ehre, zwischen all den Fahrern mitzuradeln, mehr galt als die Schärfe der Etappen, und so gondelte man damals folgerichtig äußerst ruhig und gelassen zwischen Ehrenstart und scharfem Startschuß halbe Stunden durch die jubelnden Kulissen; die Franzosen warfen rote Rosen sträußeweise in die Mädchenreihen, Polens Kavaliere gaben sich mit Handküssen verschwenderisch und weltgewandt, die polnischen Franzosen warfen, einleuchtenderweise, beides nach den schönen Mademoisellen. In der Ruhe lag die Kraft, der offizielle Start erfolgte da noch alphabetisch, und es konnte nun einmal nicht jeder Adler heißen. Also pflegte man, noch vor dem Rennen, ausführliche Techtelmechtel, um sich schließlich, buchstabengetreu und ohne Hast, in seine Zeile einzureihen. Klar, daß da die Tscherepowitschs, Venturellis oder Wolfs zu Neidern werden mußten und auf eine weitere Änderung im Regelwerk des Rennens drängten – schließlich und wie immer, wenn im Sport zur echten Lösung die Idee fehlt, einigte man sich auf einen Losentscheid.

Die winkenden Charmeure radelten nicht mehr mit einem Lächeln an den Jugendfreundinnen vorbei, vielmehr umstanden sie die unberechenbaren Urnen und betrachteten betreten ihr mißglücktes Los. Der Charme, die elegante Leichtigkeit, die man von den entspannten Amateuren bislang vor den jeweiligen Starts gewohnt war, ging, wie's schien, so peu à peu verloren; kaum, daß sich ein Starter mit der Schere irgendeinem Bande näherte – erhobener Kopf, gesenkte Flagge –, schon begann unter den sonst so souveränen Friedensfreunden eine Hatz wie unter manchen Hausfrauen der Etappenorte, wenn sie beispielsweise hörten, daß es in der neu eröffneten HO-Verkaufsstelle Kamtschatka-Krebse oder Ölsardinen geben würde, was zu jener Zeit tatsächlich noch passieren konnte, später allerdings undenkbar wurde.

»Freunde im Sport und im Leben zu sein,
Freunde auf Biegen und Brechen,
einig im Willen, sich nie zu entzwein,
gleich welche Sprache wir sprechen.«

Es schien nicht unbedingt das große Jahr von Täve Schur zu werden, wenn er auch, exakt auf dieser Tour, in die Annalen einging; fünfzehntausend Kilometer hatte er sich mittlerweile friedlich seinen Hintern durchgerieben und damit sogar sein großes Vorbild Vesely, bei aller Freundschaft, ziemlich distanziert. Auch drei Etappen hatte er bei dieser Tour bereits gewonnen, sicher, und sein Scherflein dazu beigetragen, daß die DDR sich in der Mannschaftswertung nur den überlegenen Befreiern unterlegen zeigte. Trotzdem, sogar Egon Adler, der diesmal nur einen Sieg errungen hatte, lag vor Täve in der Einzelwertung schließlich auf dem fünften Platz.

Doch die Sekunden und das Quentchen Glück, die Täve Schur bei dieser Friedensfahrt zu fehlen schienen, hatten sich für eine andere Gelegenheit in Hundertsteln und Millimetern ungleich größerer Dimension dennoch als gutes Omen und Fortune erwiesen – Täve fuhr in jenem Jahre 1958 zweifellos das Rennen seines Lebens. Nicht nur Reims, ganz Frankreich, die gesamte Radsportwelt stand kopf, als er im Spurt an ihr vorbeizog und den Titel eines Weltmeisters nach Hause fuhr. Und wie schon 1955, als er seine erste Friedensfahrt gewann, war wiederholt das Wohlbefinden von Heinz Florian gefährdet, der ihn, wie so oft, als erster kommen sehen mußte, da war Täve hinter einem Italiener allerdings noch Zweiter, *Täve Schur an zweiter Position,* erkannte Florian, *ein Italiener ist wohl vorn, ein Sturz, ein Italiener stürzte, Täve Zweiter,*

Venturelli, Täve, komm, Täve wird Weltmeister, ich glaube, Täve Schur oder, ja, doch ein Belgier, der noch aufkam, es war furchtbar zu erkennen, sag ich Ihnen, sind Sie mir nicht böse, hundert Meter sind wir hinterm Ziel, und Täve Schur hat einen unwahrscheinlichen, so schnellen Sprint, daß man nicht einmal etwas sehen konnte, nun, ein Italiener war gestürzt, doch Venturelli, ebenfalls ein Italiener, lag noch immer vorn, und dann kam Täve, Täve kam, auch ein Franzose, Simon, oder war es Armond, konnte da noch aufschließen, wir können gar nichts sagen, sagte Florian, und folgerte für einen, der nichts, also gar nichts sagen konnte, eloquent: *es wird eine Entscheidung geben, und es geht um Millimeter, es gibt wahrscheinlich einen Entscheid der Zielrichter, vielleicht sogar der Zielfotografie ...* Ja, es war schwierig auszumachen, wie der Einlauf war, der eine holte ihn, der andere bekam ihn, einer siegte, einer stürzte, einer stieg aufs Treppchen, einer in den Krankenwagen, so verschieden konnte es beim Einlauf zugehen, doch: Heinz Florian Oertel sollte recht behalten, Täve schnitt vor den Gefilmten knapp als Bester ab, und spätestens seit diesem hauchdünnen, nur reifenbreiten Sieg begann sich in so mancher mit den Jahren patriotisch kurzatmig gewordenen Brust tatsächlich wieder so etwas wie Stolz auf diese frischgestärkte Republik herauszubilden, die nun, neben ihrem zwar berühmten, aber mittlerweile etwas angejahrten Arbeiteraufstand noch über einen frischgebackenen Weltmeister verfügte. Heimat konnte wieder lauter ausgesprochen und sogar empfunden werden, wenigstens einmal im Jahr: denn wenn im Mai das Feld der Amateure durch die Straßen wehte, wurden diese, so zumindest ein damaliger Kommentar, zu Logenplätzen für den Frieden und für eine bessere Welt, was immer damit doppelsinnig und verschmitzt gemeint war. Und die Logengäste wie die Fahrer waren sich einig: für den Frieden lohnte es, sich abzustrampeln.

War das Ziel das neu erbaute Walter-Ulbricht-Stadion – spätere Kritiker behaupteten, sein Fundament sei mit dem Schutt des abgerissenen Berliner Stadtschlosses gegossen worden, obwohl die luftige Arena schon Monate, bevor die erste Rauchwolke des Spreng-

Reims, 1958; Täve Schur wird Weltmeister –
und mit ihm die ganze Republik

meisters zum Himmel stieg, Gäste in ihre Mitte gebeten hatte –, dann fielen die Reporter immer wieder in fast waidmännische Bilder: große Rudel stürzten sich ins Stadioninnere, das zum Schlachtfeld wurde und von Positionskämpfen der sonst so friedfertigen Platzhirsche erbebte. Längst war meist schon der Namensgeber der Arena anwesend und wartete mit sechzig- oder achtzigtausend Friedensfreunden, je nach Wetterlage, auf die Spitzengruppe – die jedoch schien diesmal ihre Führungsqualitäten auf der Strecke in die Hauptstadt einfach zu verbummeln und so für den weiteren Verlauf und ganz besonders für den prominent besetzten Höhepunkt bahnbrechende Verwechslungen herauszufordern. Denn bei größeren Verspätungen konnte es leicht geschehen, daß sich die Begeisterung versehentlich, statt auf die kluge Führung, auf die überfälligen Athleten richtete und all die Ovationen, welche auf die hochbetagten Ehrengäste von den brechend vollen Rängen niedergingen, als nur sportlich, fast wie völlig unabhängig von der Anwesenheit Walter Ulbrichts, mißverstanden werden konnten. – Als die Fahrer aber schließlich doch noch in der Abendsonne und im Stadionrund erschienen, blieb das ungeheuerliche Mißverständnis gottlob aus, und die verschmitzten Führenden auf der Tribüne sahen all den Jubel ebenso als dankbaren Beweis für ihren taktisch klugen Kurs wie die verschwitzten Kämpfer aus dem Tretlager der Friedensfreunde, die ihn selbstverständlich nur auf ihre eigene Kappe nahmen.

»Menschen jung und in der Spannung ihrer
Herzen gebogen nach vorn. Und nun
schnellen zurück, jäh,
sie im lösenden Jubel, wenn die Kraft der
Fahrer, der Ansturm kämpfender Herzen,
jetzt die Mauer des Beifalls durchbricht.«

Mit blauen Fahnen nach Berlin – das trunkene Motto trieb die Jugend in die junge, stolze Hauptstadt, die im Mai des Jahres 1959 immerhin noch mancherlei Gefahren bot: die Bäume schlugen aus und hieben mit dem jungen Grün auf die Gefühle ein, die Schlagbäume inmitten der geschmückten Metropole gaben sich besonders offen für die vielen, patriotisch unerfahrenen, orientierungslosen Gäste der geteilten Stadt, in deren Herz in diesem Mai, zum Glück seit langem, wieder mal ein Schuß fiel, laut und nicht zu überhören: der Startschuß – Guter Start ist unsere Art –, der zum ersten Male in der DDR-Hauptstadt ertönte, entsandte, von der Magistrale Stalins aus, die Fahrer auf die rund zweitausend Kilometer lange Friedenstour. Zum ersten Male sah man übrigens im Fahrerpulk Untertanen der Grimaldis, jenes fürstlichen Piratenclans, der damals schon für manches höfische Dilemma sorgte, seinerzeit jedoch noch unverschuldet und nur, weil genau der Teil Berlins, der kein Olympiastadion aufzuweisen hatte, sich das Rennen mit olympischen Rosinen zu versüßen dachte: jedes der fast zwanzig Länder, das an der furiosen Tour nach Prag und Warschau teilnahm, sollte mit eigener Flagge und Hymne auf die Reise gehen und gewürdigt werden, kein Problem, gesagt, getan. Monacos Flagge war noch relativ problemlos zu besorgen; jeder Mann vom Fach, der schon einmal vor einem Fußballspiel in der Kabine seiner Kicker weilte, wußte, wie leicht man die umgedrehte Sechs auf dem Trikot mit einer Neun verwechseln konnte; klar, daß ein Milieuerprobter sofort auf den ausgeschlafenen Einfall kam, die Flagge Polens, mit verwandten Farben, einfach umzudrehen und das kapriziöse Königreich, zu seinem Besten selbstverständlich, monegassisch auf den Kopf zu stellen. Doch mit der Hymne war es etwas schwieriger, wer wollte schon das melodiöse Vaterland von einem anderen hören, vielleicht noch rückwärts, wie beim Flaggentrick, gespielt, und dies auch noch als eigenen Empfang empfinden? Nun, der Frieden scheute keine Kosten, sparte Anmut nicht noch Mühe und besorgte per Kurier die seltene Platte, die man an der eigenen Grenze beinah noch als Motorrad verzollen wollte, denn man konnte sie nur fahren, wenn man sie im höchsten Gang der Zeit, mit achtundsiebziger Geschwindigkeit, betrieb.

Die Mädels legten zu, denn trugen sie noch zu Beginn der fünfziger Jahre streng taillierte Kleider und Kostüme, ging die Linie nun in Richtung Sack und Asche, allerdings war schon ein Teil der Säcke aus den neuen Wunderstoffen unserer volkseigenen Synthese hergestellt, aus Dederon und Wolycron, Sylona, Kunstseide und anderen knitterarmen Materialien. Ohne Frage wiesen sie den einen Vorteil auf: wenn sich die werktätigen Frauen an den Straßenrändern in den Armen lagen und mit den Friedensfahrern der Regen kam, dann steckte man die neue Bluse hinterher ganz einfach in den alten Zuber, und mit einem Wisch war alles weg. »Sybille«, Marktführer und einzigartiges Journal der einheimischen Mode, riet insofern für die Friedensfahrtbesucherinnen klug auch zur Synthese zwischen alt und neu und kombinierte auf den Titelseiten gern ein großgeblümtes Baumwollkleid traditioneller Machart mit der kleinkarierten Kunstseide der neuen Musterkollektionen; aber wie die Mädels lieber Rock'n'Roll als Lipsi tanzten, trugen sie auch eher schwarze Röcke, Gummigürtel, kuschlig wie die Schläuche unserer Amateure, und, igitt, dazu die ärmellosen Pullis aus den neuen Muffelfasern, die, kaum auf den Leib gezogen, sofort dampften wie nach einem Wolkenbruch oder nach einem harten Arbeitstag in der Betriebskantine.

Der geteilte Himmel öffnete die Schleusen, und es schien, als wolle das Berliner Wolkenmeer das internationale Friedenslager völlig unter Wasser setzen, denn es goß in Strömen. Die HO, erfolgsverwöhnte Handelskette aus der Zeit, als Handel alles, nur nicht Wandel war, kam in die seltene Verlegenheit, plitz-plotz rund hundert Regenmäntel aus den staatlichen Kontoren in ein Stadion zu liefern; nicht ein Mitarbeiter war für zusätzliche Anstrengungen zu gewinnen, und so kam es, ausgerechnet bei der Friedensfahrt, zum ersten Mal zu marktwirtschaftlichen Erwägungen: wenn man die Umhänge im Stadion, als ewige Erinnerung für die Dabeigewesenen, verkaufen würde und die engagierten Werktätigen überdies am plötzlichen Gewinn beteiligte, dann müßte es doch mit dem Teufel zugehen, wenn die höllische Initiative nicht gelingen sollte. Und tatsächlich – jeder Fahrer, der auf den gewohnten Blumenstrauß und seine warme Decke wartete, erhielt zudem noch einen Umhang, dessen er sich allerdings nicht lang erfreuen konnte. Wie erkoren, so verloren, riefen sicher abgeschirmte Zuckerpuppen aus HO-eigenen Volkstanzgruppen, zogen ihrem jeweiligen Knirps, bedacht, die feucht gewordene Pelerine ab und waren flugs verschwunden, eh die Rennfahrer begriffen: *seh ich, nur für einen Augenblick, mal weg von meinem Fleck, schon ist der Überzieher weg,* den wiederum die Mädels, mit dem Namen seines kurzzeitigen Trägers, nunmehr ablaßartig unter der Bevölkerung verscherbelten, das Warenzeichen – eingetragener Überzieher – fand viel Zuspruch.

»Wir freuen uns auf den Wind von morgen,
auf die Freude und auf die Sorgen.
Auf die Sonne, die uns bräunt und brennt;
Auf die Sümpfe, die wir trockenlegen,
Auf den Hagel auch und auf den Regen,
Der uns nicht vom blauen Himmel trennt.«

Nun, da hing mancher Fahrer schön im Schirm, und Vanderveken, unser gutgläubiger Katholik aus Gent, dem es mit der Vision vom blauen Himmel ernst war, ließ sich ganz und gar nicht von ihm trennen, sondern faßte sich als erster, denn er wollte, selbst inmitten all der fortschrittlichen Bauten unserer Hauptstadt, nicht auf seinen Heiligenschein und die sonntägliche Frühmesse verzichten, sondern suchte vielmehr, nach den abgeschirmten Andachten vom Vortag und den frommen Wünschen der besorgten Schwestern, ein verkuppeltes Gebetshaus, um nicht noch mehr in der Nächstenliebe nachzulassen. Klar, daß unsere weltlichen Verantwortlichen ihm nicht gleich ein frohgeschmücktes Taxi riefen, doch sie machten es tatsächlich möglich, 1959 und noch diesseits aller konjunkturbedingt gefüllten Ostermessen, eine Kirche vorzuführen, die schon früh am Morgen voller Menschen war und auch beim Eintreffen von Vanderveken so tat, als sei er lediglich, mit der zerdrückten Mütze in der Hand, für zwei, drei Wochenenden nicht zum Dienst in der Gemeinde und am lieben Gott erschienen. Unser Gläubiger aus Belgien gewann den Eindruck, daß es, sonntags jedenfalls, sehr menschlich in der Hauptstadt zuging, und – die anschließende Tour nach Magdeburg, beinah zweihundert Kilometer in die Richtung seiner Heimat, wo man ihm, noch vor der Fahrt, erzählen wollte, daß es bei den Sozis keine Kirchtürme, sondern im besten Falle Kühltürme zu sehen gäbe.

»Greif zur Feder, Kumpel!« rief im gleichen Jahre die Partei die ungläubigen Werktätigen hierzulande auf, die nur zu gern bereit gewesen wären, ihren Hammer gegen einen Griffel oder einen Pinsel einzutauschen; fünfhundert Kulturschaffende heckten auf der Ersten Bitterfelder Konferenz den Plan aus, es den Schaffenden in Stadt und Land, im Atelier und vor der Werkbank einfacher zu machen, endlich die Gesamtkunstwerke unserer neuen Zeit zu schaffen – klassenlos und dafür epochal. Der Bolzendreher schrieb dem Komponisten das Libretto, und der Dichter sah sich in der Seifenoper seines Aktivistenalltags in der Nähe um; in Halle, noch im Vormonat Etappenziel, vereinten sich rund fünftausend verdiente Künstler mit zehntausend schlechtverdienenden Berufsanfängern, dies war nur der erste Streich, die Arbeiterfestspiele aber wurden eine feste Tradition und sollen, auch aus heutiger Beurteilung, ein teures Gut gewesen sein, daß man vielleicht noch hätte retten können.

Der Name Oberwildental ließ ohnehin das Schlimmste ahnen; auf die Oberwilden, dort im schönsten Wiesengrunde, war gewiß Verlaß, und wirklich: es ging, jedenfalls für Friedensfahrtverhältnisse, mehr drunter als, gewöhnlich, drüber, selbst das dottergelbe Spitzenreiterhemdchen war verschwunden, Venturelli außer sich, der kleine Eckstein sprachlos, gestern noch trug er es selbst, nun sollte es verloren sein, auch frühere Träger schauten abgerissen aus, das konnte man dem Italiener wirklich nicht mehr zumuten. Was tun, sprach Zeus, das Direktorium ist benommen, Ecksteins Hemd zu klein, das von Melichow längst verschlissen, Venturelli mimt den Unerschütterlichen, aber niemand weiß, wie lang er durchhält mit den öffentlich zur Schau gestellten Hosenträgern, jeder sieht es Venturelli an, der ist aufs Gelbe aus im Leben. Gottseidank, muß man in diesem Falle sagen, konnten altgewordene Rennradfahrer damals nicht so einfach wohlhabende Ruheständler werden, sondern mußten sich, zum Beispiel, hochbetagt, noch als Chauffeur verdingen. Und so riß auf einmal der Insasse eines Materialwagens die Arme hoch, die wollene Jacke über seinen spiegelblanken Kopf, und mit Erstaunen sah das Volk darunter einen gelben, kurzärmeligen Pulli, den der alte Kämpe, schon Jahrzehnte früher einmal siegreich heimgefahren hatte und nun Venturelli überwarf. Nicht nur der Start am Morgen war gerettet, nicht nur die Vertreter der verschiedenen Lager kamen zueinander, auch die Achtung vor dem Alter, vor den längst verblaßten Siegen kam zu neuen Ehren wie der unverhoffte, völkerübergreifende Spagat, der bislang als Generationskonflikt gehandelt worden war.

Die Vita von Nikita führte Chruschtschow zum ersten Male in die DDR; die wurde in diesem Jahr zehn Jahre alt und leistete sich aus diesem Anlaß eine neue Fahne. Hammer, Zirkel, Ährenkranz umflorten auf schwarz-rot-goldenem Grund den Alexanderplatz, die Wahlplakate riefen jedermann zum Mitregieren auf, nachdem er jahrelang schon an der Macht gewesen war. Das schwer zerstörte Magdeburg war erstmals als Etappenort vollständig trümmerfrei, Evelyn Künneke ein DEFA-Star, und auf dem Bildschirm etablierten sich Professor Flimmrich, unser Sandmännchen und – für besonders Ausgeschlafene – Karl Eduard von Schnitzler als Kanalarbeiter.

Klar, daß niemals eine Touretappe durch den Tierpark oder einen Zoo von großen Städten führte, Tierschützer hätten sich damals schon mit Recht entsetzt; verhindern konnten sie indessen nicht, daß den possierlichen Gefährten aus dem Paradies gelegentlich die abenteuerlichsten Namen aus dem Menschenreich an ihren Pelz geheftet wurden, sei es nun in Leipzig, Dresden oder anderswo. Denn einen Löwen, einen Bären oder eine andere unschuldige Kreatur zu Namen wie Giuseppe, Joseph oder Juri zu verurteilen, war seinerzeit schon problematisch; doch die Paten unseres Rennens machten sich zu Taufpaten und überschritten ihre standesamtlichen Befugnisse gehörig, fast schon wie die Mächtigen im Lande selbst, wenn sie ein unschuldiges Löwenkind ganz einfach etwa auf den Namen des berühmten Fahrers tauften. Aber Pustekuchen, es hieß fortan eben Joseph, damals noch ein Allerweltsname wie Gustav oder Bernhard. Jahre später aber, 1963, taufte der Berliner Tierpark alle Neugeborenen gnadenlos auf Juri oder Walja, gleich, ob Stinktier oder Rüsselschwein, Hyäne oder lieber Biber, denn die engelsgleichen Kinder unseres Himmelsvaters Nikita Chruschtschow waren auf dem Roten Platz gelandet, wo schon wieder Lotte Ulbricht wartete, um Valentina Tereschkowa und Juri Gagarin in die fortschrittliche, deutsche Hauptstadt einzuladen und sie vor den Käfigen in Friedrichsfelde um das Ja-Wort zu der Taufaktion zu bitten.

»Sieg und Verlust ohne ätzende Tränen,
Sieger, Besiegter in Freundschaft vereint.
Nichts bleibt zum Mahl für Schakale, Hyänen,
Eintracht das Kampffeld erwärmt und bescheint.«

Hunderttausend machten im Zentralstadion von Leipzig freiwillig den Hampelmann, den der berühmte Sohn der Stadt und mittlerweile zum Parteichef reüssierte Walter Ulbricht, durchgeschwitzt im Unterhemde, vorgab, nach; ein Bruchteil sicher nur der zehn Millionen an den Straßenrändern, aber in der Not, wir wissen es, frißt auch der Hase Mohrrüben, selbst ein Prozent blieb ein Prozent, auch die Devise Walter Ulbrichts

»Jedermann an jedem Ort
einmal in der Woche Sport!«

galt unverändert. Und im übrigen blieb alles relativ, nicht nur in der sportiven Tagespolitik, doch gerade da bedurfte es schon eines ganz besonderen Glücks, den dauerhaften Lorbeer zu erwerben. Venturelli beispielsweise hatte auf der Tour von 1959 fünf Etappen nach Italien geholt, auch Egon Adler fuhr gleich zweimal siegreich in die Stadien ein. Den Einzelsieg jedoch erkämpfte, wie schon 1955, wieder Täve Schur, der allerdings bei seinem ersten Friedensfahrttriumph noch selber zwei Etappen siegreich in das Ziel gefahren hatte. Diese Tour gewann er nun mit mehr als fünf Minuten Vorsprung und ganz ohne alle Paukenschläge, nur mit einer ausgeglichenen Partie, fast wie die Fahrer aus der ruhmreichen sowjetischen Equipe, die zwar nur insgesamt zwei Einzelsiege zu verzeichnen hatten und dennoch als Mannschaft die Azzurri auf die Plätze wiesen, die es immerhin auf acht Etappensiege brachten.

1959; der F 9 auf seiner Abschiedstour; zum letzten Mal überquert er als Kampfrichter- und Materialwagen die deutsch-tschechische Grenze

Nun, es zeigte sich, daß Einzelsiege eben Tagessiege waren und durchaus das Bild verzeichnen konnten, in die eine ebenso wie in die andere Richtung.

Täves Bild jedoch nahm langsam Züge eines patriotischen Gemäldes an, und ohne Zweifel hatte er, bis spätestens zu diesem zweiten Sieg, ein wuchtiges Kapitel Friedensfahrtgeschichte mitgeschrieben. Schließlich war ein Rennfahrer kein Philosoph, der, wie man weiß, im eigenen Land nichts galt; denn ein Friedensfahrer war vielmehr in diesen Jahren und in diesem Land beinah ein nationales Heiligtum. Und überdies ein Nationalheld, der zugleich das immer heftiger behauptete und angestrebte Weltniveau sprichwörtlich zu verkörpern schien, denn 1959 wiederholte Täve das grandiose Meisterstück vom Vorjahr: er errang zum zweiten Mal den Titel eines Weltmeisters. Und spätestens mit diesem Sieg waren alle grantelnden Reporter aus dem gegnerischen Lager widerlegt, die Eintagsfliegenschwätzer abgeschmettert; zweifellos war Täve Schur zu dieser Zeit der spurtstärkste und beste Radfahrer der Welt.

Seit seinem ersten Friedensfahrtgewinn war mittlerweile ein erfolgreiches, umjubeltes Jahrfünft vergangen, Täve war ein Star, wie es ihn anderswo kaum gab, ein Matador zum Anfassen, den man wohl sonst hätte erfinden müssen, und es schien auch 1960 so, als wäre er in eine hoffnungslose Aufwärtskurve eingefahren, die, zumindestens nach menschlichem Ermessen und in absehbarer Zeit, nicht ohne weiteres enden würde. Schon die Startetappe sah ihn wieder siegreich und Heinz Florian ein weiteres Mal bedroht und aus dem Häuschen: *Es kann also losgehen, und wenn jetzt dort drüben überm hohen Wall der Zuschauer auch dunkle Regenwolken drohen, das macht nichts aus, und käme jetzt ein Guß, ich glaub, wir merkten ihn kaum,* prophezeite er den heimatlichen Hörern, *denn jetzt müssen, aus der Kurve dort, die kleine, steile Fahrt hinunter, unsere Friedensfahrer in das Stadion hereingefahren kommen ... Täve Schur ist erster, glaub ich, dann ein Belgier hinter ihm, das müßte Delahaye sein, diese beiden sind zuerst im Stadion, unbedingt ein DDR-Fahrer, es ist sehr schwierig zu erkennen, denn im Innenraum sind sehr, sehr viele Helfer und Betreuer, doch ein DDR-Fahrer und dann ein Belgier machen unter sich den Spurt aus, von den anderen ist nichts zu sehen, o ja, es ist Täve Schur, Schur, der gewinnt, komm, Täve, komm doch, Täve Schur vor Willi Vandenberghen, Täve bringt sich selbst ein Jubiläumsstückchen, holla, holla, Täve Schur Gewinner der Etappe, dieser ersten ...* Florian war am Ende wie der erste Kurs der neuen Tour. Doch Täve holte noch zwei weitere Tagessiege, Hagen, Weißleder und Adler sorgten, jeder, für manch weiteren, klar, die DDR-Mannschaft gewann, mit beinah einer Viertelstunde Vorsprung, dann erst liefen Vandenberghens Mannen ein, und weitere Minuten später sah man die Sowjetunion am Ziel. In der Einzelwertung triumphierte Erich Hagen, der

Karl-Marx-Stadt, 1959; Heinz Florian Oertel,
ungewöhnlich entspannt, im Gespräch mit Venturelli

Poznań, 1960; Egon Adler (rechts) und Bernhard Eckstein beim Eintrag in die Starterliste

selbst Claes und Vandenberghen auf die Plätze wies, auf denen man von Täve fast so wenig sah wie von den mittlerweile zugelassenen Monegassen, die sich, als schon halbe Profis, an der Tour beteiligten. Sie schrappten hart am Rand des Reglements entlang, doch um die internationale Ausstrahlung des Rennens zu erhöhen, waren solche Kompromisse möglich. Und auch die erfreuten Fastberufsfahrer versprachen, sich beim Rennen ihrerseits zu mäßigen, um so den engagierten Amateuren nicht von vornherein gleich jeden Mut zu nehmen. Sie sollen so die ersten drei Etappen durchaus vorn, unter den ersten hundert, mitgefahren sein, dann aber aufgegeben und den Heimweg angetreten haben, anders als der Norweger Per Digerud, der auch noch mit gebrochener Hand ein ganzes Tagesrennen fuhr, um Punkte für sein Team zu retten, ein beherzter Vor-

Magdeburg, 1960; Täve Schur gewinnt sein erstes echtes Heimspiel, rechts der dänische Etappendritte Vagn Bangsborg

griff auf die Haltung seines Landsmanns Braathen, der im nächsten Jahr, trotz eines Magenkrampfes, nicht als Letzter, sondern Vorletzter des Feldes über seine eigene Schwäche siegen würde, stahlgewitterhart den Krampf als inneres Erlebnis feiernd. Nun, an solchen Fahrern lag es also kaum, daß Täve 1960 nicht im ersten halben Dutzend einkam, eher schon an Weißleder, der als Ersatzmann unverhofft aus Opas Garten in die Mannschaft kam – berufen wurde, muß es selbstverständlich heißen –, weil sich Günter Loerke, dieser alte Kindskopf, bei der Kleinen Friedensfahrt verletzt hatte und nicht mehr starten konnte. Jene sogenannten kleinen Friedensfahrten wurden oft, von Schulen und Gemeinden, parallel zur großen Tour veranstaltet, als Nachwuchsrennen, wo vermutlich auch der eine oder andere Talentejäger schon den Täves für die späteren

Jahre und Jahrzehnte nachstellte, vielleicht auch in Gestalt eines bekannten Fahrers – nun, wer weiß, wie es bei unserem Günter war, nach seinem kindischen Zusammenstoß zumindest hätte es für ihn tatsächlich nur noch für die Kleine Friedensfahrt gereicht. Doch Weißleder gewann dafür schon in den ersten Tagen so viele Etappen, daß man staunen mußte, ihn, gleich Täve, nicht unter den Ersten des Gesamtklassements zu finden. Dabei waren schon von langer Hand die günstigsten Bedingungen für einen Sieg der DDR geschaffen worden, etwa in der selbsternannten Stadt der Freundschaft Frankfurt/Oder: einen ganzen Fremdenhof gab es dort 1960, und auch der besaß gerade mal ein Dutzend Betten für die Unterbringung unseres großen Camps. Die Nachfrage war also alles andere als künstlich, sondern echt: es galt, das Fahrerlager, samt seiner Verwalter ein paar hundert Menschen, rechtzeitig ins Bett zu kriegen, und zwar nicht in Schwesternheimen, sondern in soliden Schlaf- und Ruhestätten. So geschah es: Frankfurter, die mit der Zuweisung für ihre Neubauwohnung fast schon auf dem Möbelwagen saßen, zogen mit geringem Aufschub in die neuen Arbeiterpaläste ein, und in den Tagen vor der Übersiedlung in die ferngeheizte Zukunft nächtigten die Friedensfahrer in den rohen Bauten. Fahrern, die für unsere Mannschaft als besonders hartnäckige Kontrahenten galten, stellte man sogar noch einen Fernseher ins Provisorium, damit sie am nächsten Tage auf der Fahrt nach Dresden nicht so ausgeruht durch ihre Augenringe sähen, und tatsächlich: dreimal nacheinander siegten daraufhin die fernsehfreien Jungs der DDR-Mannschaft, in Dresden, Leipzig und in Magdeburg. Im Leipziger Zentralstadion wurden sie von fünfzigtausend Fahrradklingeln eingeläutet, ein metallenes Gewandhaus unter freiem Himmel brachte ihnen den wohl lärmendsten Empfang der Friedensfahrtgeschichte. Klingeln, hieß es seinerzeit nicht nur im Sächsischen, gehöre nun mal zum Geschäft, und daß die Fahrer es verstanden, zeigten sie, nur Wochen später noch einmal, als sie Olympia-Zweite wurden, trotz des Umstands, daß in Rom in allen Häusern des Olympiadorfes Fernseher für die Athleten standen.

Die Bilanz von Täve bis zum Jahre 1960 war, trotz mancher ausgebliebenen Sensation, die man ganz einfach schon von ihm erwartete, die eindrucksvollste, die ein Sportler in der DDR bislang wohl ziehen konnte. Sicher, es gab auch schon Wolfgang Behrendt, unseren ersten eigenen Olympiasieger, Harry Glaß und Helmut Recknagel, die Asse von der Schanze, und die Hundertmeterdame Birkemeyer, Gi-Gi-Gisela, weiß Gott nicht gerade an Wilma Rudolph und den einzigartigen Gazellenstil erinnernd, aber immerhin. In Rom vergoldete Ingrid Krämer vom Zehnmeterturm das Becken für die DDR, im Winter lehrte Helga Haase auf dem Eis die Konkurrenz, was Mores und was Kampfgeist waren, als die deutsche Auswahl beider Seiten noch auf *Freude, schöner Götterfunken* als gemeinschaftliche Nationalhymne verpflichtet wurde. Dennoch: ganz alleine Täve hatte es zur Kultfigur gebracht, ein Mann, ein Sport, ein Kämpferherz! Doch zur Ikone, zum endgültigen Idol hätte auch dies vielleicht noch immer nicht gereicht, denn erst sein dritter Start zu einem Championat, das seine einmalige Laufbahn krönen sollte, trug ihm die Popularität ein, die ihm keiner seiner zahllosen Erfolge hätte bringen können. Die grandiose Niederlage erst erhöhte ihn zum unvergleichlichen Heroen; denn als guter Mensch vom Sachsenring galt Täve spätestens seit 1960, hernach allerdings für allezeit, gewährte er doch da dem Mannschaftskameraden Bernhard Eckstein generös die Vorfahrt und verzichtete – zumindest der Fama nach – auf seinen dritten Sieg bei einer Amateurweltmeisterschaft. Der Regenbogen stand auf einmal, unerwartet, über Eckstein, dabei wäre es doch immerhin ein triumphaler Hattrick auch für die sportive DDR geworden, Täve aber schanzte lieber seinem Stallgefährten den mondialen Lorbeer zu – ein höchst gelungenes Stück Prosa der Chronisten jenes Rennens. Täve wurde Vize-Weltmeister in Hohenstein-Ernstthal, Zweiter also nur; doch gerade unter echten Männern war der Zweite der Verlierer, der Verlierer war der Letzte, daran war seit Gary Cooper nicht zu rütteln. Dabei waren die Karten 1960 mehr als gut: der einmalige Heimvorteil, das Team um Täve Schur, mit Adler, Hagen, Loerke, Höhne und – natürlich – Eckstein in hervorragender Form, die Taktik ihrer Trainer klar, es mußte schon sehr dumm zugehen, wenn sie danebenging, nur ein Gigant wäre imstande, trotz all dieser günstigen Voraussetzungen Täve auszubremsen und davonzufahren: Vandenberghen. Belgiens einmaliges Kraftpaket lag in der letzten Runde fünfzig Meter vor den jagenden Verfolgern und strampelte nur schrittweit von den rasenden, entsetzten Zuschauern entfernt, die ihre Helden Stück für Stück nach vorne trieben; endlich hatten die Verfolger den Belgier eingeholt, doch Täve war hinüber statt vorbei, und Eckstein sah, wie Vandenberghen ungläubig nach Täve schielte, ob die Atemnot vielleicht nur ein besonders pfiffiges Manöver sei. Klar, daß er sich allein auf Täve konzentrieren würde, Eckstein fackelte nicht einen Augenblick, trat an, er war davon und – neuer Champ!

Der Hergang dieses Sieges, dieser Niederlage, je nach Sicht und Perspektive der Beobachter, ist oft genug geschildert worden, eins bleibt dabei sicher: Täve Schur kann man gewiß ins Stammbuch schreiben, daß auch seine unfreiwillige Entscheidung immer noch etwas von einem großen Willensakt besaß. Das ungleich größere Phänomen dagegen blieb, wie eine doch recht einfache und ziemlich klare, sportliche Geschichte in einem fast metaphysisch unglaublichem Maße zur Legende werden konnte – und mit ihr der zweifellos geschlagene Held, der 1960 immerhin noch keine dreißig Lenze zählte. Denkbar bleibt, der gute Mensch vom Sachsenring war weniger ein mißverstandener Held von Uwe Johnson als vielmehr die Paraphrase des bekannten Brecht-Bonmots, demnach das Land, das Helden braucht, nicht unbedingt als glückliches zu gelten hat.

»Denn es ging uns um die Mannschaftsehre.
Und die Weiden im Dunkel starrten wie Speere.
Die Stecken geschultert, wir zogen nach Haus
und sangen lauthals, wie wir uns geschlagen.«

Hohenstein-Ernstthal, 1960; ein schönes Mißverständnis; Bernhard Eckstein wird Weltmeister; links: Täve Schur, rechts: Willy Vanderberghen

Wie sah es eigentlich der unbestechliche Reporter Florian, zu dem wir schon gelegentliche Zuflucht nehmen konnten, damals auf dem Sachsenring? Nun, wieder einmal bangten nicht nur Tausende von Zuschauern um ihre Helden auf der renommierten Piste; auch die ungleich größere Gemeinde unserer Radiohörerschaft war alarmiert, denn Heinz Florian Oertel war zum wiederholten Mal so aufgewühlt, daß man, wie stets, befürchten mußte, seine Stimme würde kollabieren, seine Bänder könnten reißen und die Hörer unverhofft in einer unheimlichen, nie gehörten Stille vor den Apparaten sitzen lassen. Seine Tonlage, wie immer bei Heinz Florian gefährdet, rang zudem mit einer plötzlich aufgetretenen Kalamität des Blicks, einer akuten Sehschwäche, die leicht zu perspektivischen Verschiebungen, vermeintlichen, verfrüht erfolgverheißenden Beobachtungen führen konnte. Ausgerechnet unser, auch im Wortsinn, rasender Reporter konnte zwischen Regenbogen und Trikot nicht mehr genau erkennen, wie groß ungefähr der Abstand war. Im Blickfeld hatte Florian etwa einen Kilometer, nun, da konnte leicht der Wunsch der Vater dessen sein, was durch die Regenbogenhaut hereinkam, *nein, ich glaub, es ist ein DDR-Fahrer, ein einzelner, rund hundert Meter, einhundertundfünfzig Meter hinter ihm schon die Verfolger, es ist Bernhard Eckstein, Bernhard Eckstein rast herein, herein am Schneckenberg in Staßfurt-Ziel, Mensch, Bernhard Eckstein, ist das möglich, Bernhard Eckstein wird der Weltmeister, ich bin so glücklich, ist das möglich, ja, ich hab ein Rad geschlagen, ja, ich habe Kopf gestanden,* rief Heinz Florian, er konnte seinen Hörern viel erzählen, schließlich sahen sie ihn nicht, doch die Frisur von Oertel machte häufige und kopfständige Übungen tatsächlich glaubhaft, denn den hohen Scheitel teilte er, wie seine Sprachgewalt, mit jenem weiteren, radsportinteressierten Porträtisten, über den nun endlich auch berichtet werden muß. Denn Uwe Johnson nahm sich all der sportlichen und menschlichen Erfolge Täves wenig später selbst, mit Hilfe eines fulminanten Prosastückes, an und widmete dem jungen Helden, tief beeindruckt, einen äußerst seltsamen Roman: die rasende Geschichte und der

Lebensplan von Täve Schur erschienen ihm ganz offenbar bedeutsam, wenn vielleicht auch langsam unheimlich – allein schon auf den ersten Blick kam da Beträchtliches zusammen.

Täve hatte in den Vorjahren, in Frankreich und den Niederlanden, die gesamte, strampelnde Elite weltweit distanziert, und 1955 schon zum ersten Mal die Friedensfahrt gewonnen, ein Triumph, der ihm vier Jahre später, 1959 also, noch einmal gelang. Was Uwe Johnson allerdings am meisten interessierte, war das Rennen selbst, die mittlerweile legendäre, internationale Tour durch Prag, durch Warschau und Berlin, die man gern anderswo als »Tour de France für Arme« abfahren ließ und die alljährlich zum ganz sicher größten Volksfest für die vielen wurde, deren karger Alltag sonst an Attraktionen eher arm war. Den Dichter interessierten jene Hunderttausende in manchen großen Städten, die Millionen insgesamt, die stundenlang die Straßenränder säumten, um die Kämpen jubelnd zu empfangen.

»Friedensfahrer, Friedensfahrer,
jedes Jahr im Mai
stehen wir winkend an der Straße,
husch, seid ihr vorbei.«

Und dann gings in die Konsum- und HO-Gaststätten, und man freute sich aufs nächste Jahr, warum nur, bloß, weils wieder dieses »Husch« und eigentlich nicht recht etwas zu sehen geben würde? Nun, es muß tatsächlich auch ansonsten ein an Höhepunkten ziemlich armes Leben für den Rest des Jahres vorherrschend gewesen sein, um dieses »Husch« als Volksfest zu empfinden – und doch: als solches wurde es gefeiert, und zwar »Jedes Jahr im Mai«, wie es selbst in den Titel einer Operette über das berühmte Rennen Eingang fand. Und selbstverständlich war das Zugpferd immer wieder Täve Schur, der wie kein anderer den boy next door, den netten, gutgekämmten Arbeiter von nebenan, doch auch den explosiven Fighter gab und den in jedem Jahr Millionen sehen wollten.

Noch im Vorjahr war der dreizehnte August ein Glückstag, jedenfalls für Bernhard Eckstein, der sich, mehr verschmitzt als mannschaftsdienlich oder gar als Wasserträger seines prominenten Teamgefährten, just zu diesem auffälligen Datum an den Thron des Weltmeisters herangesprintet und ihn tatsächlich bestiegen hatte – Täve trug's mit fotogener Fassung, und man wettete im Frühjahr 1961 schon, daß er sich dafür mit dem dritten Sieg, bei einer Friedensfahrt sowie bei Bernhard, revanchieren würde; aber wiederum lag Eckstein schließlich weit vor Täve im Gesamtklassement. Vielleicht war Täve leichtsinnig geworden, trank, statt einer letzten Brause, vor der Nacht ein Schlafbier, wie es manche andere Fahrer hielten, oder brachte sich mit übermütigen Aktionen selber um die gute Kondition, wie nachzulesen war: in Warschau gab er manchen Jägerinnen auf dem Bahnsteig noch im Laufschritt Autogramme. Unser alter Schwerenöter sprang als Trittbrettfahrer und ganz nach dem eigenen Belieben auf und ab und holte sich dabei noch fast den Tod, zumindestens eine gehörige, nicht gerade mannschaftsdienliche Erkältung, und das auch noch als Kapitän. Wie viele opferten seit Jahren ihren Urlaub, um in irgendeiner Weise mit von der Partie zu sein, wie viele andere wieder fieberten dem einen Frühlingstag im Jahr entgegen, an dem das Fahrerfeld zumindest ihren Arbeitsplatz passierte; Thiel, der einarmige Bahnwärter, war dreihundertundvierundsechzig Tage lang allein wie eine Mutterseele auf dem Posten, doch am wichtigsten, dem dreihundertundfünfundsechzigsten, fuhr er die Schranken hoch, dann deckte er die Schiene ab und hätte sich wahrscheinlich eher vor den Zug geworfen, als daß unsere Rennfahrer zu einem ungewollten Aufenthalt an seinem Übergang genötigt worden wären – solche gab es viele, Tausende, wie der Chronist vermerkte, und da fing der Täve an, es nicht mehr so genau zu nehmen? Nun, dagegen unser Bernhard Eckstein – auf dem dritten Rang schon hätte der beinah sogar den legendären Viktor Kapitonow noch gefressen, der war immerhin Olympiasieger unterm Kolosseum, damals galt das in der Radwelt noch etwas.

»Sie kommen! Sie kommen!
kaum hat man's vernommen,
so ist schon die Spitze
im Sturmwind vorbei.
Es war Kapitonow,
und dann kam ein Däne,
wo bleiben denn unsere,
das Gelbe Trikot?«

Auf Bernhard konnte man sich scheinbar nicht so einfach einen Reim machen, denn dieser Eckstein war ein Tausendsassa, ein Filou, um den sich nicht allein die Mädels scharten, sondern selbst Beamte machten sich Gedanken, Mecklenburger Eisenbahner, ja, tatsächlich, Reichsbahnangestellte einer vielbefahrenen Strecke in den Weiten Vorpommerns, verfielen auf die Schnapsidee der rollenden Tribüne und begleiteten die Friedensfahrer und den jungen Weltmeister mit einem Werkstattzuge von der Ostseeküste bis ins tiefe Binnenland hinein. Auf den sonst eher unbelebten Gleisen parallel zur Landstraße ging es dennoch auch dabei eher friedlich, also ganz im Sinne unseres Rennens zu: die uniformgewandeten Kollegen mit den Flügelrädern reizten unsere Athleten weder unnötig durch übertriebenes Tempo noch durch transparente Sprüche an der fahrenden Betriebswandzeitung, und die Meute hetzte nicht das dieselvollgepumpte Eisenschwein über die grasbewachsene Holperstrecke.

»Und die Lok, sie singt,
und der Heizer winkt,
und sein Mädel trägt
ein himmelblaues Kleid.
Die Jugend von der Eisenbahn
macht Dampf,
und die Welt wird wieder frei.«

Karl-Marx-Stadt hatte seinen alten Namen lange schon getilgt, und bis auf eine Nobelherberge im Zentrum schien nichts mehr an Chemnitz zu erinnern. Nur acht Jahre früher wären beinah noch die Stalinstädter in den Vorzug dieser Weihe und des Namenszuges von Karl Marx gekommen, aber erst zwei Monate zuvor war Stalin hingegangen und das Leben unseres großen Sohns aus Trier ganz plötzlich zu entrückt, als daß man noch die *Erste Stadt des Sozialismus,* mitten in der Trauerzeit um Stalin, auf den Namen Charlys hätte taufen mögen. Walter Ulbricht gab sich so in seiner Rede weitaus souveräner, als er wirklich war, wenn er die profane Taufe zur Entscheidung höheren Orts und Anlasses erklärte, denn tatsächlich war sie allerhöchsten Orts gefallen und kam ausnahmsweise einmal wirklich von – ganz oben. Und da Stalinstadt nicht in den Vorzug dieses kleineren Übels bei der Namenszuteilung gelangt war, wurde nun die Messestadt am Pleißestrand erkoren, ihren guten Namen gegen den des kapitalen Autors einzutauschen; doch auch Leipzig mußte von der Marxschen Weihe leichten Herzens Abstand nehmen, um als Standort etablierter Musterschauen auch in der jungen Republik und weiterhin als Tor zur Welt bestehen zu können. Böse Zungen allerdings behaupteten schon seinerzeit, daß Walter Ulbricht höchstpersönlich Leipzig um den schönen Namenszug von Marx gebracht habe, denn *er* war schließlich hier geboren, warum sollte *seine* Vaterstadt auf einen fremden Namen hören; und warum sollte, nachdem er schon verschiedenen Fabriken, Sportarenen und Akademien mit dem eigenen Namen ausgeholfen hatte, nicht auch Leipzig endlich dieses Privileg erfahren? Für die Sachsenmetropole jedenfalls war so der Marxsche Bart fürs erste ab, der kleine Philosoph vom Tisch des großen Vorsitzenden – doch wohin mit ihm, in dessen Namen und Ideen die jungfräuliche Republik sich für immer einzurichten dachte? Nun, da lag der Einfall Walter Ulbrichts, geographisch und im Wortsinn, nahe – er umflorte das verrußte Chemnitz mit dem Namen von Karl Marx, und er verband damit blasphemisch eine ganz private Hoffnung: wenn demnächst aus Leipzig schließlich noch die Walter-Ulbricht-

Stadt geworden sei, so wäre er für alle Zeit der Dritte in dem Bund der großen Denker, Leipzig wiederum im Dreiklang jener nominierten Städte die lebendigste der Ausgezeichneten – dank des sportiven sächsischen Patrons und Namensgebers.

Nun jedoch waren also aus den schlichten Chemnitzern gebildete Karl-Marx-Städter geworden, doch gerade in dem einzigen Hotel, das noch an ihre unrühmliche und gedankenlose Zeit erinnerte und unbeirrbar oder unbelehrbar weiter Chemnitz heißen wollte, waren die Franzosen, jene aufgeklärten Enkel von Voltaire und Diderot, am Abend abgestiegen. Allerdings zu spät, um noch auf solche wesentlichen philosophischen Zusammenhänge zu verfallen, und vor allem weitaus später als erwartet. Selbst die sächsisch-satte belle cuisine war mittlerweile kalt und schrumpelig geworden, schuld war nicht die Köchin, die, den Klassikern zufolge, demnächst das Regieren lernen würde, sondern ganz allein der Charme der Männer von der Seine selbst, dem Hunderte von jungen Pionieren überlange huldigten. Zum Beweis der eigenen Unschuld zogen die Verspäteten, wie Magier im Varieté, gleich ein Tuch nach dem anderen aus der Fahrermütze, Halstücher natürlich, selbstbemalt mit friedlichen Motiven wie dem Kreml und dem Dom Kultura aus der Weichselmetropole, aber auch – dem Eiffelturm. Mesdames, Monsieurs, da drängte noch einmal die Liberté so richtig in die erste Reihe vor der dunklen Küchenklappe, vor das Personal des Fremdenhofes und auch vor den heißen Sommer dieses Jahres 1961, denn gelegentliche Ausflüge zum abgebildeten Symbol erwiesen sich seitdem als schwierig, wenn nicht vollständig unmöglich, und Pigalle wurde wieder die verbotene Mausefalle.

Am Vorabend des dreizehnten August lief im Rafena-Werk der einmillionste Fernseher vom Band, und die Statistik schwor, in jedem zehnten Haushalt stünde mittlerweile so ein flottes Stück – das schien nicht sehr wahrscheinlich für die siebzehn Millionen potentiellen Zuschauer. Zum Sandmännchen und zu Professor Flimmrich gesellten sich im Jahre 1961 Pittiplatsch und Schnatterinchen, und die Mütter waren von Meister Nadelöhr verzückt, kein Kerl wie

Manfred Krug, der damals schon Toupet, doch keinen Mollenfriedhof trug, und auch kein exzellenter Modemacher, aber immerhin ein Mann, der ihre Kinder halbe Nachmittage an die Fernsehschirme fesselte und so den jungen Frauen jene Muße schuf, sich einen Überblick darüber zu verschaffen, wie man auch mit der so plötzlich hochgeschlossenen Mode dieses Jahres einen offenen Eindruck machen konnte; der sportive Rest des Wochenendes blieb den Vätern vorbehalten, die sich rechtschaffen von der Fünftagestrampelei des Wettbewerbs erholen wollten.

Eineinhalb Jahrzehnte rackerten nun die Athleten schon für den sportiven Frieden, wenn im Frühjahr 1962 sicher auch so mancher seine eigenen Gedanken über dessen Inhalt hegen mochte, weniger der Friedensfahrer, sondern der Veranstalter und ihrer durchsichtigen Gründe wegen; denn seit diesem letzten Sommer ging dem einen oder anderen der Gedanke, der die Tour einmal, gewissermaßen sprichwörtlich, begründet hatte, vielleicht nicht mehr ohne weiteres ein. Course de la Paix – das klang noch immer gut, doch sprach es sich seit dem vergangenen August ein wenig schwerer aus, zumal auch die organisatorischen und publizistischen Begleiter keinen Zweifel an der Rechtschaffenheit ihres Friedens ließen; sie begannen ausgerechnet ihre Jubiläumstour im Jahre nach dem Mauerbau in der geteilten Metropole und begrüßten das vereinte Fahrerlager in den Mauern ihrer Stadt. Klar, daß sie auch versuchten, dieser Fahrt den Stempel des Besonderen aufzuprägen; nie zuvor waren soviel Mannschaften am Start wie just in diesem Jahre, Masse sollte Klasse zeigen, wenn es sich auch oft genug schon in den Vorjahren als beinah unlösbar erwiesen hatte, derart viele Teilnehmer in kleinen Orten zu beherbergen. Sogar exotische Kollegen wie ein Brüderpaar, das aus dem Libanon zur Friedensfahrt gereist kam, war als zusätzliche Mannschaft hochwillkommen, denn die Fülle all der angereisten Nationalitäten stand in diesem Jahr im absichtsvollen Vordergrund, um so die ungebrochene Beliebtheit dieses Rennens auch der stirnrunzelnden Welt im Westen vorzuführen.

1960; Premierenfahrt des 311er Wartburgs, der den F 9 als Materialwagen ablöst

»Im Sommer ’61,
am dreizehnten August (Tirili),
daha schlossen wir diehi Grehenze,
und keiner hat’s gewußt (Tätärätä).
Klappe zu (Tatamtara), Affe tot (Tätärä),
endlich laaacht das Morgenrot (Dädä),
Klappe zu (Tatamtara), Affe tot (Tätärätä),
endlich laaacht das Morgenrot (Tschingbum)«

Längst beschlossen schien der Teilnehmerrekord beim Start aus jener neuen Stadt in eine neue Ära, da lachte tatsächlich der Bär, und Heinz, der Quermann, öffnete die noble Fernsehsendung, die sonst Schlagersternchen aus Odessa, Plowdiw oder Leipzig vorbehalten war, den Friedensfahrern. Eluf kam aus Dänemark – wenngleich sein Name eher nach dem freundlichen Kalifen einer orientalischen Geschichte klang, er hatte 1954 schon die Friedensfahrt gewonnen, nun nahm Dalgaard nach so vielen Jahren diese ungeheure Chance wahr, jenes Flair noch einmal und sogar im Fernsehen zu erleben; denn was Heinz zu bieten hatte, war weit mehr als eine nur sportive Geste, als ein kurzer Fernsehauftritt – es war unsere bildhafte, strategisch ausgestrahlte Politik, und man darf sicher sagen, daß sie spätestens mit jenem Jahr programmbestimmend wurde.

Auf der Strecke funkte es wie nie zuvor, die Boten auf den Feuerrössern waren arbeitslos geworden, ausgerechnet bei der Friedensfahrt, die doch stets voll beschäftigt war, den guten Geist der arbeitenden Menschen aller Länder zu vereinen – just in ihren Reihen wurden fleißige Gefährten überflüssig, die jahrein, jahraus, als Überbringer schlechter Nachricht, ungeschoren blieben, wenn sie auch stets von dramatischen Defekten Kunde brachten. Nun waren sie durch Funkgeräte ausgewechselt worden, kalte Technik auf neutralen Wellen, die sich um die handgefertigten Berichte nicht mehr kümmerte, nun ja, der Fortschritt machte auch vor unserem fortschrittlichen Rennen keinen Halt, entfremdete den braven Mann der Arbeit nicht nur seiner liebgewonnenen Verrichtungen, er machte vielmehr beide überflüssig – Mann und Arbeit. So begann das Ende eines jeden Unternehmens, niemand wußte das genauer als der lesende Prolet, die Lieblingsutopie der jungen Republik.

Im Audimax der Humboldt-Uni sang Wolf Biermann Hohelieder auf die neue Wehrpflicht, und der Mime Ekkehard Schall versuchte sich in der Gestaltung eines Republikflüchtigen. Cohrs, der »Gleene mit der frechen Gusche«, sorgte für nicht weniger Verwirrung, er kam trotz erwiesener Unbotmäßigkeit der Führung gegenüber noch als Zweiter hinter Herricht beim Etappenrennen unserer Fernsehprominenten ein.

Der Schwächste ist am mächtigsten allein, auch Ali mußte das erfahren, einsam kämpfte er sich auf den Kyffhäuser hinauf: der Mann aus Suez war zurückgefallen, abgeschlagen, stundenweit vom Ziel in Erfurt noch entfernt. Petrow, der Sieger der Etappe, hatte sich schon längst den ersten Schluck genehmigt und im folgenden die Takte seiner volkstümlichen Lieblingsweise, angeschlagen, wie er war, für die Gefährten lautstark intoniert, als Ali in das leere Stadion von Erfurt trudelte. Nur ein paar Dutzend Polizisten säumten seinen letzten Weg, *Sport frei,* die Mützen flogen in die Höhe, und statt der so oft beschriebenen Friedenstauben flatterten diverse Bockwurstpappenschwärme durch die Lüfte. Ali hatte immerhin noch das berühmte Glück im Unglück, denn so ging der falsche Lorbeer, den die Erfurter gleich in Serie vorgefertigt hatten, wenigstens an ihm vorbei; die ersten Kränze waren groß und schwer wie Gullideckel, aber auch die neuen nach der raschen Korrektur hätten den Siegern das Gefühl verschafft, auf ihrem Treppchen garottiert zu werden, so daß sie noch einmal auf die Schnelle ausgewechselt werden mußten. Erst im dritten Anlauf fand man die nun echte Kragenweite und konnte wieder über die berühmte Brücke gehen, daß Erfurt unumstritten eine echte Blumenkrämermetropole sei.

In Leipzig brachte es die DDR hingegen erstmals auch zum Gastgeber für eine wirklich große, internationale Sportveranstaltung; die Stadt erhielt den Zuschlag, die Europameisterschaften 1962 in den gechlorten Becken auszutragen. Neben den bekannten Messehallen kamen namenlose Schwimmhallen hinzu, statt des gewohnten Messegoldes gab es den Europameistertitel über hundert Meter Freistil, und der Weltrekord auf der Distanz von hundert Metern Brust verdrängte kurzzeitig die Zuschauerrekorde in den Pavillons der internationalen Aussteller.

Bernhard Eckstein mußte aus dem Rennen scheiden, auch dem so verschmitzten Champion konnte offenkundig etwas auf den

Magen schlagen; Ampler, der Experte für gelegentliche Fluchtversuche, Kellermann, der Tunnelspezialist, und Höhne, mit der ausgedrillten Stimme, machten unter sich den neuen Kapitän aus, und der Zuschlag ging an Höhnes Stimme, die schon auf der Strecke mehrfach dadurch aufgefallen war, daß sie die eigene Phonzahl mühelos der Stundenkilometerzahl rasanter Schußfahrten in tiefste Täler anzugleichen oder diese noch zu überbieten fähig war.

Ob Butler oder Lord, wer mit den Pfunden wuchern konnte, durfte sich indes seit 1962 in den Intershops bedienen lassen, allerdings noch nicht als volkseigener Bürger, sondern nur in freundlicher Begleitung ausländischer Gäste, die sich seit dem Mauerbau vermehrt in die verschlossene Republik bemühen mußten, da den Einheimischen, wie man weiß, der umgekehrte Weg inzwischen doch ein wenig schwerer war. Fahrräder zum Beispiel gab es auch in den Devisenläden nicht, man fuhr nach Eisenhüttenstadt und Schwedt, wenn man ein diamantenes Zweirad brauchte, und statt eines ausländischen Freundes suchte man sich einen Angestellten aus dem Stahlwerk oder der Chemiefabrik und schmuggelte sich in den Werksverkauf für seltene Konsumgüter.

Der Engländer hieß Butler, und es leuchtet jedem ein, daß er zu Haus mit einem solchen Namen schon als Kind so manches Ungemach hatte bestehen müssen, doch daß ihm in späteren Jahren und selbst bei der Friedensfahrt daraus noch immer Nachteile entstehen könnten, und sogar im eigenen Lager, galt für unwahrscheinlich, dennoch: als Butler selbst einmal rasant die Luft entwich und er die schnelle Hilfe der Kollegen brauchte, kümmerten sich die versnobten Klempner seines eigenen Teams um alles mögliche, nur nicht um ihren Butler. Nun, das mochte auf der königlichen Insel Brauch sein und eine gewisse Tradition besitzen wie die guten, alten Zeiten, als man noch dem Königshaus in Warschau freundschaftlich verbunden war und der vertriebenen polnischen Regierung ein Exil gewährte; so muß es dem Butler wie ein Glück erschienen sein, als Polens Materialwagen herangebraust kam und sich ein Mechaniker der ruhmreichen Entente der beiden Länder tatsächlich erinnern

1960; Reporter Helmut Schulze im Gespräch mit Trainer Herbert Weisbrod; Bernhard Eckstein hält bereits nach neuen Perspektiven Ausschau

konnte, und mit einem nagelneuen Vorderrad aus volkseigener Produktion setzte nun Butler zur Verfolgung auf das erste beste Hinterrad des längst entschwundenen Fahrerfeldes an. Er hatte wieder Luft für zwei und strampelte sich in den folgenden Etappen bis ins Mittelfeld der Fahrer vorwärts, allerdings mit hanebüchenen Aktionen wie der schnellsten Talfahrt der gesamten Tour, die ihn nur allzu leicht auf unbekannte Engelsflügel statt die Schultern seiner Mannschaftskameraden hätte wehen können. *Only fools are not afraid,* ja, nur die Dummen haben keine Angst, so sagt der Engländer bekanntlich, wenn es brenzlig wird, vielleicht ist Butler also auf dem Schulhof gar nicht wegen seines Namens, sondern wegen seines fehlenden Gespürs für allzu Kippliges im Leben ständig hochgenommen worden und trug seinen Namen nicht nur voller Ingrimm, sondern überdies auch noch – zu Unrecht.

»Bänder, breit, mit gewaltigem Schwunge
vom Gebirge ins Tal und aus dem Tal
hinauf an die Berge geworfen,
wie schwingt ihr hinab
und springt jenseits, euch verschmälernd, an den Hang,
endend im Dunkel des Waldes und im
Arm des umfangenden Horizonts.«

Viele Fragen stellten sich auf jenen hundert Kilometern zwischen Opole und Wrocław, nicht der längsten, aber zweifellos der schrecklichsten Etappe für die Fahrer bislang. Wieso stand die russische Kaserne mitten auf der Straße statt im Wald versteckt, versperrte unseren Rennradlern den Weg, und wieso stand sie überhaupt in dieser Gegend? Sicher nicht, um schwer gebeutelten Franzosen aufzulauern, die sich in Gewitterböen und Sturmgebraus versteuert hatten und so in den Schützengraben und vors Postenhäuschen stürzten; doch das Fragen war nicht am gestürzten Dudal, den es schlimmer hätte treffen können, wenn er, mit der Rennmaschine, tief gebeugt, zudem gehüllt in einen unkenntlichen Mantel, auf befreundete Kasernentore zuraste. Da mußte er sich wohl nicht wundern, daß er tiefes Mißtrauen einflößte, schon eher über die spontane Gastfreundschaft, die ihm dennoch zuteil wurde, denn die Gardisten hoben den Gefallenen sofort aus dem Graben, um ihm ihrerseits Vertrauen einzuflößen, erst in Form von Tee und dann in größeren Mengen Alkohol, den allerdings nur äußerlich – wie das Vertrauen sozusagen. Aber all die vielen ungestellten Fragen blieben ohne Antwort, bis auf jene, welche Mannschaft solchen Unbilden am besten trotzte – nun, der ausgeschlafene Leser ahnt es längst schon wieder: klar, es waren die Fahrer der Sowjetunion.

Nikita Chruschtschow war ein weiteres Mal zu Gast in unserer Republik und winkte ausnahmsweise einmal in die umgekehrte Richtung, von der Friedrichstraße übern Checkpoint Charlie und die Mauer in den Westen, wo ansonsten Hunderte erschaudernder Touristen täglich in den finsteren Osten blickten. Fahrradstaffeln säumten seinen Weg durch unsere Hauptstadt, aber viel Zeit blieb ihm nicht, sein Abschied aus der DDR war fast auch schon sein Abgang von der internationalen Bühne und politisch beinah etwas wie ein letzter Gruß, als er Bürgern zurief: »Nun, ich möchte sagen, auf Wiedersehen, Freunde, und es lebe der Frieden.«

Genet warf sich Picasso über, Donnerwetter, mitten in der Slowakei und auch noch bei der Tour von 1963; tja, was sollte da wohl auf den restlichen Etappen noch passieren, was im Grunde selbst den Rennen in der Zukunft eigentlich noch vorbehalten bleiben, wenn sie solche Höhepunkte jetzt schon, zu Beginn, verschossen? Nun, zum Glück war es nur eine oberflächliche Verwechslung, keine Friedenstaube stieß auf eine böse Zofe nieder, Jean Genet hieß vollständig Jean-Pierre, und von Picasso stammte nur der weiße Vogel auf dem gelben Nicki, das sich der Franzose überstreifen durfte; allemal dennoch ein Höhepunkt, der nicht zurückgenommen werden soll. Genet war immerhin der erste seines Landes, der, für kurze Zeit zumindest, das Trikot des besten Streiters tragen durfte, nicht allein des besten Fahrers, denn er hatte sich auch mit den Schiedsrichtern gerauft, die ihm das Tragen frankophiler, werbender Embleme auf dem führenden Trikot verweigern mußten – schließlich konnte die Dreiländertour durch volkseigenes, vom Joch des Kapitals befreites Territorium nicht zur Visitenkarte zweifelhafter Unternehmen werden, die statt friedlicher Athleten und anstelle freundschaftlicher Wettbewerbe stets nur kampfentschlossene Profis und den unverdienten, eigenen Profit im Sinne hatten. Doch der Streit erschöpfte sich, wie oft im Leben, ganz natürlich, denn Genets Beschwerden nahmen zu, nicht die den Funktionären gegenüber, sondern seine eigenen in der Leistengegend, durchgescheuert war das Sitzfleisch bis aufs Futter seines Hosenbodens, nur der Eingriff rettete ihn vor dem Schlimmsten. Auch der Tour ging er auf immerdar verloren, denn er floh nach Hause und ins Profilager, wo er, mit der taufrischen Erinnerung ans gelbe Nicki bei der Friedensfahrt, einen Kontrakt bekam, mit einem achtbaren Salär, von dem er allerdings schon die Versicherung für seine unfruchtbare Zukunft selbst bestreiten mußte. Auch das führende Trikot des so dramatisch abgegangenen Genet trug mittlerweile längst ein anderer, und bei der abschließenden Siegerehrung in der DDR-Hauptstadt dachte längst niemand mehr daran, daß noch vor kurzem jemand mit dem Hemd des Führenden auf unlautere Werbetricks verfallen war, denn da trug es bereits Klaus Ampler – ohne irgendeine Werbung, wie wohl jeder einsehen wird, denn wofür hätte er Reklame machen sollen?

Drei Etappen hatte er gewonnen, selbst das Zeitfahren gegen Belgiens As Verhaegen hatte er für sich entschieden, denn er biß die Kiefer fest zusammen, um die Übersetzung wirklich durchzuhalten: vierzehn Zähnchen nur auf dem getriebenen, dem hinteren Kranz, und vierundfünfzig Zähne vorne auf dem treibenden, der helle Wahnsinn, wenn der Berg rief; in Meerane etwa, an der Steilen Wand, hätten die meisten freiwillig die umgekehrte Übersetzung ausgewählt, wenn es sie denn gegeben hätte. Jungs, die von der Ochsentour gelesen hatten, suchten alte Schraubenkisten nach noch kleineren Kränzen durch, die gab es nicht, sie wären unter vierzehn nicht mehr rund gewesen, sondern hätten eher schon ein Dreizehn- oder Zwölfeck abgegeben.

Es war zweifellos ein großes Jahr für Ampler und sein Team, zu dem noch immer Täve zählte, der am endgültigen Sieg von Ampler schon insofern einen großen Anteil hatte, daß er ihm das eigene Rad hinüberschob, als dessen Rennmaschine ausfiel und sich Belgiens legendärer Dreiklang Haeseldonckx–Verhaegen–Vyncke eben anschickte, ihm flugs die Führungsrolle abzujagen. Klar, daß diese Szene jedermann an Ecksteins unverhofftes Championat, dank Täves Anschubunterstützung, drei Jahre zuvor, erinnerte. Die DDR-Mannschaft gewann zum wiederholten Male eine Friedensfahrt und machte so auf ihre Weise klar, daß damals schon der Star die Mannschaft war, und auch schon seinerzeit besonders dann, wenn sie zugleich den Einzelsieger stellte. Die Siegerehrung fand noch in der Deutschen Sporthalle der mittlerweile zur Karl-Marx-Allee mutierten Stalinallee statt, Horst Drinda, längst noch nicht der spätere Volksschauspieler, aber immerhin schon junger Nationalpreisträger, steckte mitten in der Wilhelm-Tell-Aufführung und fand dennoch Zeit, die selbstgeschriebene Rezitation zum wohlgesetzten Vortrag und zum Publikum zu bringen, das ergriffen seinen Worten lauschte. Die behaupteten im Schlagerstil, daß mit dem Ende jeder Fahrt ein Teil nur ende, und erläuterten mit Brechtscher List, die Zuhörer, die hier die Sieger ehrten, würden so vor allem auch sich selber ehren – nun, da mußte man erst mal dahinterkommen, wie er das vielleicht verstanden wissen wollte. Unsere Menschen waren schließlich keine hinterwälderischen Teppichweber, Eingeweihte wußten sogar, daß der gute Mensch von Augsburg ein besonderes Verhältnis zu den Rennen auf dem Velo hatte und schon in den zwanziger Jahren mehr davon gefordert hatte, sicher wäre er auch selber gern ein Baal im Rausch, auf einem Rennrahmen, geworden, aber die Verhältnisse, sie waren nicht so; besonders zwischen Brustumfang und Oberschenkelweite hätte Brecht sie revolutionieren müssen. Sein Kollege Georg Kaiser teilte die Begeisterung für die Athleten lange vor ihm, aber auch die Abneigung den gnadenlosen Trimmdichs gegenüber, die im Radsport eine Vorstufe der Volksertüchtigung zu sehen meinten, die auch Seine Hoheit sehr zu schätzen wußte. Kaiser aber geißelte den alten Wilhelm und die unverfrorene Liaison von unschuldigen Radlerschuhen und majestätisch blanken Stiefeln weitaus öfter als gelegentlich – von morgens nämlich bis zur Mitternacht. Vergleichbar großen Groll, freiwillig auf die Mächtigen im Lande zuzuradeln, hat nach ihm nur Uwe Johnson noch empfunden und ihn überdies auch noch gerade an unserem Volkstribun, am unschuldigen Täve festgemacht, und als die Deutsche Sporthalle den Sieg von Ampler feierte, lag Uwe Johnsons Buch bereits ein Jahr lang, allerdings nur in den Sportpalastvitrinen, aus.

»O harmonische Einheit von Körper und Geist,
du Antlitz der Jugend.
Doch ist's genug, im sportlichen Ringen
zu messen die Kraft
und zu schöpfen Gesundheit und Frohsinn?«

Was der Festredner des Vorjahres in der Berliner Sporthalle so unvergleichlich rezitiert und glaubwürdig versichert hatte, wurde 1964 klar bestätigt und notorisch widerlegt: es war das Jahr, in dem die Hunderttausenden zum letzten Male fieberten, auf welcher Position sie Gustav-Adolf Schur im bunten Peloton erspähen würden. Täve war zum zwölften, aber auch zum letzten Mal bei einer Friedensfahrt dabei und machte nach dem vollständigen Dutzend endgültig den Sack zu; und es konnte keine Rede davon sein, daß mit dem Ende dieses Rennens nur ein Teil der Friedensfahrt zu Ende gehen würde – Täve ging, und nichts würde je wieder so sein, wie es all die Jahre früher war, ein Abschied ohne Wiederkehr nicht nur für ihn. Für das Rennen selbst ging eine Ära ihrem Ende zu, und auch, wer nicht so gut auf die pathetischen und alle Jahre wieder aufgelegten Lobeshymnen dieser Tour zu sprechen war, empfand den Ausstieg Täves aus der Friedensfahrt vielleicht als doch historischen Moment. Gewiß, auch ohne Täve und in späteren Jahren sahen die Zuschauer noch große Rennen, packende Duelle, manchen großen Fahrer, den die Tour geboren hatte; die Begeisterung jedoch der frühen Jahre, die frenetische Verehrung ihrer Helden und die abgöttische Hingabe an jenes Rennen ließen mit dem plötzlichen Valet von Täve langsam, aber spürbar nach, bis sie allmählich fast verschwanden – unglücklich die Tour, die Helden braucht.

Es war zugleich die Zeit der großen Niederkünfte; während Täve schon zum dritten Male Vater wurde und sich um den eigenen Nachwuchs kümmerte, gebar die Friedensfahrt ein Kind ganz eigener Art – das erste internationale Team: »Drei Kontinente« wurde es getauft, denn es vereinte Fahrer aus dem Libanon, Australien und

Zu Hause in Heyrothsberge: erste sichtbare Erfolge von Täves Nachwuchsarbeit: die Söhne Jan und Gus-Erik, in der Mitte Tochter Gusti

aus Norwegen, aus Ländern also jeweils, die, zumindestens in diesem Jahr, vielleicht noch eine anständige, aber keine vollständige Mannschaft stellen konnten. Zweifellos trug jenes diesseitige Fabelwesen einer internationalen Mannschaft dem Gedanken, der die Friedensfahrt dereinst entstehen lassen hatte, wohl am stärksten Rechnung: die Beteiligten fuhren friedlich miteinander durch die Landschaft, auch die Notwendigkeit der Verständigung lag auf der Hand, der Amateurgedanke stand im Vordergrund, demnach die Teilnahme das Wichtigste, der Sieg nur Nebensache, anders ausgedrückt, der Weg das Interessante und das Ziel ein großes, transparentes Nichts war. Nun, da merkt noch heute mancher auf, daß sich so Bernsteinsches Gedankengut, erst recht so eine Sammlung von Kosmopoliten einfach in die Tour einschleichen konnten. Dieser bunten Truppe gab zudem noch die Geschichte recht, sie konnte nämlich, ohne jede Ambition, selbst England, diesen stockkonservativen Monolithen, aus dem Rennen werfen, ein Triumph, den man vermutlich selbst in Frankreich nicht noch ausgelassener hätte feiern können als im internationalen Lager unserer drei befreundeten Nationen, wenn es sich auch als ein zweifellos der Not gehorchendes, doch eben daher um so festeres Fahrerband erwiesen hatte.

In der Republik dagegen ging's mit sechzig Sachen und der »Schwalbe« auf den Straßen zweiter Ordnung ab, sie durfte ohne Helm, vor allem aber ohne Führerschein gefahren werden, weshalb sie bei Polizisten wie den anderen Bauern mit den vielzitierten, größeren Kartoffeln so beliebt war. Zwölfhundertundfünfundsechzig Mark waren für die Grundausstattung allerdings erst einmal zu berappen, für die Hälfte gab es mit ein bißchen Glück bereits ein exklusives Rennrad, für ein Drittel schon ein ziemlich nobles Sportrad, allerdings entsprach die letztgenannte Summe schon dem durchschnittlichen Monatslohn der meisten Werktätigen, die sich daher unfreiwillig und für zwanzig Pfennig in den Schichtbus drängelten.

An ihren Flaschen sollt ihr sie erkennen, diese alte, allerdings nicht jedermann geläufige Parole, wie man den tatsächlichen Charakter einer anderen Mannschaft prüfen könne, galt natürlich und in erster Linie für die Freundschaft zwischen unserer jungen Republik und den Befreiern, die, vielleicht nur, weil sie, wie nun wieder jeder wußte, es ganz einfach öfter taten, häufige Probleme mit dem Trinken hatten, was die Partnerschaft naturgemäß auf manche Probe stellte. Nachschubschwierigkeiten standen auf der Tagesordnung, eskalierten oft bereits in einer Weise, daß sogar die Hälse enger wurden. Schließlich spitzte sich die Lage so dramatisch zu, daß nur noch ein Vertrag die Dinge regeln konnte, und zwar dergestalt, daß sich der Materialwagen der DDR verpflichtete, bei seiner eigenen Proviantbeschaffung auch gelegentlich auf seiten der Sowjetunion zu fahren. Die versprach dafür den deutschen Feinmechanikern, Defekte, die sich eben auch bei manchem DDR-Fahrer ganz plötzlich zeigen konnten, selbstlos zu beheben – unabhängig also davon, welches Team gerade in der Mannschaftswertung führte. Diese Strategie erwies sich für die Sowjetunion selbstverständlich als entschieden günstiger, denn schließlich war der Durst allgegenwärtig, die Defekthexe jedoch höchstens gelegentlich zur gleichen Zeit aktiv, so daß man, rechnerisch und aus der Sicht der Heutigen, das kulinarische Vertragswerk als materialistisch und statistisch ausgebufft bezeichnen muß, und es konnte sich gerade deshalb, wie man nun natürlich auch weiß, nicht im Sinne der Sowjetunion und dauerhaft bewähren.

Vielleicht entstand so die Idee zur Einrichtung der ersten Selbstbedienungsläden, die in jenem Jahre ihre Pforten öffneten; die Durstlöscher waren seinerzeit recht unterschiedlich ausgepreist, so kostete den keuschen und gesundheitsorientierten Pichler eine Flasche Sanddornsaft tatsächlich Viermarkneunzig, doch den Mann der Arbeit eine Pulle Bier nur einundsechzig Pfennig, eine klare Lage sozusagen: niemals sah man jemanden zum Fahrradständer gehen mit einem Dederonnetz voller Sanddornflaschen, das er an den Lenker hängte, was mit einem Beutel Bier weit öfter als gelegentlich passiert sein soll – ein schlagender Beweis auch dafür, daß sogar im Fahrerfeld der Brauereien und Mostereien die Führungsrolle, fünfzehn Jahre nach der Gründung des versüffelten Gemeinwesens, schon längst entschieden war.

Wie kam ein Rennfahrer den Rennsteig hoch, der schon für Autos, die sich nur in Schneeketten gelegt in diese Höhenlage wagten, beinah unbezwingbar schien? Nun, erstens waren Friedensfahrer ja bekanntlich nicht nur irgendwelche Pedalisten, sondern zu fast jeder Himmelsstürmerei bereit, wenn sie dem Frieden diente, und zum anderen war Oberhof der Ort, der sich schon längst als Heimat internationaler Höhenflüge einen Namen hatte machen können. Was lag also näher, als Idole, wie sie Täve oder Eckstein, Harry Glaß und Helmut Recknagel nun einmal hierzulande waren, in Oberhof, wenigstens symbolisch, zu vereinen? Die Millionen vor den Radioapparaten, die in wechselhaften Zeiten mal die Vorgänge am Straßenrand und mal die unterm Schanzentisch verfolgten, würden sich in Oberhof, wenn man so will, wie eine Ökumene zwischen Sommersport und winterlichen Disziplinen präsentieren – ein versöhnlicher Gedanke und insofern auch den Inhalten der Friedensfahrt verpflichtet, jederzeit zum Brückenschlag bereit zu sein. Das Bergzeitfahren zwischen unserer schon erwähnten Blumenstadt und Oberhof, dem Wintersportdorado, sollen damals mehr als hunderttausend Zuschauer mit kalten Füßen heiß bejubelt haben, wenn der Sieger auch Jan Smolik und nicht Täve Schur hieß; immerhin galt Smolik als der legitime Erbe Veselys, und wenigstens für Täve blieb die Radlerwelt, die sich so locker mit der Loipe arrangieren konnte, in der Spur. Gewiß, sie hatte sich verändert, doch sie war sich treu geblieben: plötzlich flog ein Mattenspringer übers Fahrerfeld, ja, wo in aller Welt war das schon einmal vorgekommen? Aber auch beim Skispringen hatten bereits die Jüngeren die Älteren verdrängt, statt Recknagel und Glaß flog Neuendorf ins Tal, durch das noch immer, wacker, Täve strampelte, es war der Lauf der Dinge: Smoliks Phantasiegeschwindigkeiten überholten Veselys triumphale Touren, Neuendorfs Rekorde überflogen Recknagels unvergessene Siege. Als die Fahrer anderntags nach Aue starteten, bekamen sie es schriftlich und von den Plakaten in der Oberhofer City, daß es fortan leichter würde: von nun an ging's bergab – was darauf schließen läßt, daß die bereits erwähnte Knef, für die es schon an anderer Stelle unseres Rennens rote Rosen regnete, der Friedensfahrt verbundener war als bislang angenommen.

»Mit schmalen Brettern auf den Wind gelegt,
reißt er sich vorwärts durch bewegte Höhen,
bezwingt den rauhen Widerwind der Böen
im Jubelaufwind, der ihn talwärts trägt.«

Die DDR-Mannschaft gewann die letzte Tour mit ihrem alten Kapitän und einem komfortablen Vorsprung, allerdings nicht vor den ruhmreichen Befreiern, wie es noch die eine oder andere Etappe auf den letzten Seiten suggerierte, sondern vor den Delegierten Draculas. Das Jahr darauf schon wurde das unseres besonnten Conducators, der, als größter Radfahrer der Welt, nur deshalb nie persönlich starten konnte, weil er auch der größte Militär, Historiker, Poet und Architekt war, kurz gesagt – in anderweitigen Verpflichtungen beinah ertrank. Jan Smolik war auf drei Etappen siegreich, und dennoch gewann er das Gesamtklassement; der aufmerksame Leser weiß sich zu erinnern, daß es auch schon Touren gab, bei denen sich der Sieger keinen Tagessieg zugute halten konnte, aber sicher auch an Fahrten, wo der Held diverser Stadioneinkünfte nach noch nicht einmal den Feierraum der ersten Zehn betreten durfte.

Immerhin, auch diese Rechnung mochte Täve bei der Abschiedsrunde durch den Kopf gegangen sein, bei ihm erschien sie ausgewogen: 1955 hatte er die Friedensfahrt mit zwei Etappensiegen – einem Heimspiel in der Messestadt und einem Auswärtssieg in Łódź – gewonnen, und vier Jahre später, 1959, schaffte er, ganz ohne Glanz und Tagessieg, noch einmal den Gesamterfolg nach Hause in sein Bördedorf; hinzu addierte er die Championate auf den Straßen, die zu seiner Zeit die Welt bedeuteten, auf denen er genauso oft als Triumphierender entlanggebrettert war wie auf dem gutgehenden Friedenskurs – *it's time to say good bye.* Geschlagen zieht der Held nach Haus, die Enkel fechten's besser aus und werden Axel, Hans-Joachim oder Olaf heißen, doch die Aura, die an Täves Namen haftete, ging mit ihm aus dem Rennen wie ein Sakrament: Wo Täve nicht ist, sprich das Wort nicht aus.

Er blieb ganz zweifellos der populärste Fahrer dieses alljährlichen Rennens und auch später zwischen Fichtelberg und Kap Arkona sicher eine Ausnahmeerscheinung wie Fritz Walter zwischen Bayern und der Nordseeküste.

Als sich Täve 1964 vom aktiven Sport zurückzog, waren viele kindliche Gemüter, wenn nicht alle, ratlos, was nun werden sollte. Täve nämlich war als Sportler *und* Persönlichkeit das weitaus größte Vorbild hierzulande – er war Rennfahrer und Mensch dazu, wie stolz das klang, ganz anders als die schnöden Mammonfahrer,

Das gewohnte Bild: Täve, der Star zum Anfassen

die im Westen stets nur ausgebeutet wurden, was man unseren volkseigenen Amateuren gottlob allezeit ersparen würde. Doch wenn dann die Kinder ab und zu und öfter als gelegentlich, als schlechte Pioniere etwa, vor dem Kollektiv getadelt wurden, blickten sie betreten auf das strahlende Porträt von Täve. Bernhard Heisig, prominentes Mitglied des bekannten, malerischen Vierers aus dem farbenfrohen DDR-Stall, war längst an den Start gegangen, sich ein Bild von Täve Schur zu machen. Auch zwei Bücher hatten unseren Sympathieträger aus Anhalt bereits durchmassiert: das erste hieß noch ganz bescheiden »Täve«, doch nach weiteren Siegen hieß das zweite schon, besitzergreifend und entschieden stärker patriotisch, »Unser Täve«. Soviel literarische Präsenz war, wie schon angemerkt, sogar dem Mecklenburger Pfeifenraucher Uwe Johnson Grund zur Unruhe, der Jahre früher von der Ostseeküste auf die Insel Westberlin getrieben war. Mißmutig griff der so zur Feder und verfertigte ein drittes Buch, nicht über Täve, sondern einen Strampelmann, der Achim hieß. Und das beschrieb die Schwierigkeit, im Angesicht der deutschen Teilung ein gesamtdeutsches Idol zu porträtieren, und die Rezensenten aller volkseigenen Gazetten pflichteten ihm hierin nur zu gerne bei – sie warfen ihm die Irrtümer gleich bergeweise hinterher. Der realistischen Verwechslungen der wachsamen Kollegen seinerzeit noch immer nicht genug, griff drei Jahrzehnte später abermals ein Täve-Anwalt nach dem Thema und verfertigte ein viertes Buch, um nachzuweisen, daß der junge Achim nichts mit unserem guten, alten Täve abzumachen hätte, etwas, was dem Dichter sicher selbst zutiefst geläufig war, auch wenn er seinerzeit die Heimat undankbar verlassen hatte und insofern damit rechnen mußte, manchem hierzulande auch mit diesem Buch nur als ein flüchtiger Scribent zu gelten. Allerdings, das fanden Kenner Täves und des Dichters dann doch zu düpierend und verschafften Johnsons Buch für alle Zeit ein Unterkommen im Panoptikum der sportlichen wie literarischen Kuriositäten des dahingegangenen, geteilten Vaterlandes: in der Bibliothek des Paradieses steht es längst schon auf dem Index, schließlich ist es ein Gebot der Pietät, Autoren der Façon von Uwe Johnson ungeschoren in Erinnerung zu halten.

»Jeder strebe nach dem Lorbeer,
gebe, was er geben kann.
Fair und ritterlich im Kampfe.
Sieger sei der beste Mann.
Und die Summe aller Siege
ehrt das ganze Kollektiv.«

Alexei Leonow, schütteres Haar, als hätte er seit Jahren eine Radlerkappe volkseigener Produktion getragen, stellte die Verhältnisse des Jahres 1965 vom geputzten Kopf auf die verschwitzten Füße: alle Friedensfahrer gingen plötzlich auf die Jagd nach einem Autogramm, man sah sie sonst nur auf der Flucht vor ihren schriftkundigen Jüngern; doch ein Irrtum war in jedem Falle ausgeschlossen, niemand forderte den sonst so hemmungslos umworbenen Strampelbacken einen Namenszug ins eigene Poesiealbum, ins Buch der guten Taten oder für die Oma ab – Leonow stieg herab, die Bühne war verwaist, ein Kosmos ohne Himmelsplan, ein Himmel ohne Kosmonauten, auf der Erde, im Foyer ereiferten sich die Betreuer unserer sieggewohnten Rennfahrer: ein Königreich für einen Zeitungsrand, so gellte es in beinah zwanzig Sprachen durch den Korridor des Pardubicer Fremdenhofes. Selbst Servietten, die man nie zuvor an diesem Ort gesehen hatte, wechselten auf einmal unverhofft die Hände ihrer staunenden Besitzer, ja, es war ein shakespearescher Moment, gerade so, als hätte just der Himmel das Erdenrund mit Macht betreten. Auch der Himmelsstürmer aus dem Paradies der Werktätigen schien beeindruckt, Mann, o Mann, ihr seid schon Kerle, wie ihr euer Manna mampft, und ich steh hier und trinke Bier, als wär das alles nichts – Leonow hob die Hand zum Gruß, sie war vom vielen Autogrammeschreiben fast so schwer wie nach der Landung in den Weiten Kasachstans, doch sie beschrieb mit letzter Kraft die Richtung, denn sie wies nach vorn, ins Publikum, wo Pardubices Bestarbeiterinnen saßen.

»Denn unser sind Himmel und Erde
ob auf menschengesäumter Landstraße
oder auf schwindelerregender Schanze
des Skisprungs –
wo immer wir nach dem Siegeslorbeer greifen,
stets sei uns bewußt,
daß es die Tat Gagarins gibt
und die seiner kühnen Gefährten.«

Der Letzte ist der Frischeste von allen, konnte man erstaunt und von den Belgiern lernen, die zum einen damit meinten, daß der erste schon naturgemäß erschöpfter als der letzte sei, zum anderen jedoch den Kranz des jeweils neuesten Tagessiegers ins Visier der philosophischen Betrachtung nahmen. Nicht an Frische allerdings zu überbieten war der Kranz der Schlußetappe, den sich Roger Spriet in den Mauern Warschaus bravourös erkämpfte und der wie ein Lohn auch solcher feinsinnigen Überlegungen erschien: wenn mithin die Füße strampelten, war der Kopf bekanntlich frei, und was in diesem vor sich ging, das wirkte auf die Strümpfe und den Dampf zurück, den jene machten: Echte Amateure rasten nicht einfach drauflos, sie fuhren nach der Friedensfahrerdialektik, die den alten Sockenbund im neuen Völkerbund längst aufhoben hatte.

Auch »Männeken« Piessiens von den Belgiern kam erst nach dem Sturz so recht ins Trudeln, als er die versammelten Vertreter weißer Kittel über sich gebeugt sah: Ärztedoppel, Schwesterntrio, Helfer mit belebenden Getränken, ja, dem Hippokrates hatten sie's geschworen, jedem Fahrer aufzuhelfen, der am Boden lag, da waren alle Mittel recht, und Wallemähnen unter scheinbar zufällig herabgefallenen Schwesternhäubchen waren das gebräuchlichste im Repertoire der hilfsbereiten Schlangen aus dem Stabe Äskulaps. Dem Tschechen Heller griffen gleich fünf Ärzte aus sechs Ländern, sieben Professionen und acht Krankenhäusern der Umgebung ans zerschundene Knie, doch er bekam nicht einen Schwesternkittel vor die Augen. Oder kümmerten die sich vielleicht nur um Fahrer aus den westlicher gelegenen Ställen, weil sie wußten, daß die ein geschundeneres Leben führen mußten? Hatte sich der eine oder andere, hoffnungslos im hinteren Drittel liegende Athlet der volkseigenen Teilnehmer umsonst, wenngleich höchst absichtsvoll, ins Gras geworfen, ohne jene durchsichtige Arbeitskräftelenkung zu erahnen? Nun, man wird die ganze Wahrheit des geteilten Einsatzes auch heute nicht mehr finden können, wenn man sich auch noch so keusch darum bemühte; lassen wir den Tatbestand mit einem Zwinkern stehen wie Dieter Mickein, denn auch der hatte sich Sand in

Schnelle medizinische Hilfe: Der EMW –
das rasende Hospital vieler Friedensfahrten

seine müden Augen streuen lassen, und so unterstrich der DDR-Athlet die Beobachtung eines Chronisten, daß die Ärzte stets die ganze Fahrt im Auge hätten.

Ein Jahr später purzelten die übermütigen Bulgaren wie die Handwerker von ihren Satteldächern, Petkow ging beinah entzwei und die rasante Fahrt zu Ende, ehe sie begonnen hatte; doch bereits nach drei Stunden hatte ihn, der in seinem Blute lag und aussah, als sei nun nicht nur das Radlerleben für ihn vorbei, ein ebensolches, üppig ausgestattetes Kollegium verschiedener Ärztesparten, unter der geübten Leitung eines plastischen Chirurgen so schön wiederhergerichtet, das er, ansehnlich wie eh und je, die Nase korrigiert, das Kinn, nach vorn, gerichtet, tags darauf schon wieder fest im Sattel saß und bis zum Schluß der Tour nicht wieder abstieg.

Wer wird nicht einen Mundstock loben, doch allein, wird ihn ein jeder lesen? Nur, weil er die Friedensfahrt gelegentlich begleitete und sicher, wie kein anderer, prädestiniert schien, den Rahmen dieses Rennens auch poetisch zu beschreiben – schließlich hatte er von allen Dichtern zweifellos den größten Anteil an der Eisenwerksgeschichte seines Landes beigebracht und konnte mühelos die Route von der ersten Stahlerzeugung bis zum ersten Stahlroß, das auch international erfolgreich war, beschreiben. Weil er schon in frühen Tagen und auf Hunderten von Seiten luziferisch »Helle Nächte« im Roman und überm Hochofen erstrahlen ließ und später in diversen Skizzen eine Landschaft porträtierte, »Wo der Regenbogen steigt«, galt als sicher, daß Karl Mundstock sich zu dem gestählten Rennen wohl von allen Schriftstellern am kompetentesten zu äußern wüßte. Nicht zuletzt, weil Mundstock sich durch seine nachweisliche Kenntnis der Verhältnisse noch lange nicht zu Übermut und Ignoranz verführen ließ und nicht nur flott drauflos schrieb, sondern erst einmal mit Sorgfalt und gewissenhaft den »Informator« las, ein polyglottes und, wie schon sein Name ahnen läßt, kompaktes Aide-mémoire, das unseren Amateuren auf den Rädern wie den Laien hinter den Kulissen in broschierter Form Bescheid gab, wo es täglich lang zu gehen hatte.

»Die Frühe surrt mit hundert Fahrradspeichen,
die Straße dreht den Bergen einen Strick
und knotet sich … Ich wink das Abfahrtszeichen.«

Das Feld hatte den herzlichen Empfang vom Vortag noch nicht völlig ausgeschwitzt: mit echtem Schultheiß-Patzenhofer war es von der Bürgerschaft in Treuenbrietzen zwischen unserer Messemetropole und der Hauptstadt am gewaltigen Erfrischungszelt begrüßt worden. Schon nach dem dritten Bier gefielen sich die Sportberichterstatter in bisweilen höfischer Diktion und hatten unsere abstinenten Flitzer schon zu Rittern des Pedals geschlagen, welche eine Lanze gleichermaßen für den Frieden wie für unsere werktätigen Frauen und Mädchen an der Piste brachen. Die nämlich bestaunten und bejubelten die friedensfrohen Junggesellen ohne Unterlaß: hingegen mußten Schwarzwaldmädels leer und ohne solche

Burschen ausgehen – da war Adenauers Unmut vor, dem diese gut zweitausend Kilometer für den Frieden immer schon als linke, durchsichtige Tour erschienen:

»Patrioten in Ost und West
hassen Adenauer wie die Pest«,

behaupteten verwegene Redakteure damals metrisch unanfechtbar. Näherkommen würden sich die engagierten Mädels und die Jungen ohnehin am Abend; längst war es ein guter Brauch, die Fahrer mit den fleißigsten Betrieben überall in Stadt und Land zu schlemmerischen und erotisch knisternden Visiten zu verbandeln; bei den sogenannten »Patronaten« kamen unsere tapsigen Idole schließlich wieder mit den Füßen auf die Erde, wenn die ihnen zugeteilten Tänzerinnen mit gewissem Nachdruck forderten: Du mußt die Führung übernehmen.

»Wir gratulieren
Im Namen vom Betrieb,
Wir gratulieren
Zu eurem Mannschaftssieg!
Wir überreichen
Euch dies als Geschenk,
Wir überreichen,
Der Leistung eingedenk,
Wir überreichen …«

Was, blieb offen wie die jungen Menschen und die Abende, und ganz besonders vor den Ruhetagen waren die Vergnügungen naturgemäß beliebt, denn spätestens an diesen war auch einmal Schluß mit der verwegenen Jagd, kein Spurt, kein Antritt, keine Abfahrt, keine Steigung, allenfalls die drei, vier Stunden am Vormittag zum Signieren, zwei, drei Stunden, um bei Pioniernachmittagen zu hospitieren, und am Abend noch einmal, nur kurz, ein paar Brigaden konsultieren, nun ja, eine Pause brauchte so ein schweres Rennen hin und wieder, damit es in harmonischer Erinnerung verbleiben konnte. Jubel, Blumen, lachende Gesichter, aufgeputzte Werktore jedoch sahen nicht bloß die Kollegen hierzulande, die dafür bezahlt wurden und in Artikeln die gewiß nicht nur potemkinsche Begeisterung verfügten – vielmehr haben sich auch bei den meisten der Dabeigewesenen wenigstens die Frühlingswochen im Gedächtnis so erhalten, völlig unabhängig davon, daß sie zweifellos auch ein politisches Ereignis waren:

»Wir besiegen Täve Schur,
denn wir wählen vor acht Uhr.«

Ausnahmen bestätigten wie immer lediglich die Regel: Als die Strecke sich in jenem Jahr durch eine neu erbaute Werksanlage wand, hielt sich der gewohnte Spaß bei einigen Kollegen ungewollt in Grenzen – schuld war, wie so oft, ein Lapsus in der Zeitung. Für das Industrieprojekt, so hieß es, würden riesengroße Rammböcke und rund eine viertel Million Kubikmeter Beton ins Erdreich eingetrichtert, klar, daß dies für unsere Häusle- oder auch nur kleinen Datschenbauer nicht die besten Jahre waren, als noch solche Unmengen des hochgefragten Materials aus Sicht der Unbeteiligten ganz einfach in die Grube fuhren. Wieviel war das eigentlich, zergrübelten sich die geprellten Bauherren die Stirn, kaum vorstellbar: die Masse würde reichen, schrieb das Blatt, um eine Straße aufzuschütten, länger als die ganze Piste, welche alljährlich die Friedensfahrer absolvierten, Donnerwetter! Aber was waren rund zweitausend Kilometer, wenn dafür an ihnen nicht ein schmuckes, neues Häuschen stehen würde? Bange Frage, denn bis zu dem wagemutigen Vergleich waren die Trikotträger den hiesigen Kollegen überaus sympathisch, und ihr unverhoffter Sinneswandel war nicht einfach zu verstehen, als diese mit einemmal erklärten, daß sie immer schon viel lieber an der grauen Kegelbahn als an den lärmenden, geputzten Straßenrändern rumgestanden hätten.

Für die DDR-Equipe war 1965 nicht gerade ein besonderes Jahr, wenn sie auch in der Endabrechnung noch den dritten Platz erreichte und das Mannschaftszeitfahren für sich entscheiden konnte, bei dem der Heimvorteil schwer zu Buche schlug. Klar, daß mancher der verpimpelten Athleten aus den Wohlstandsmetropolen westlich unserer Streckenführung auf den hundert Kilometern zwischen Königs Wusterhausen und der Energiestadt Cottbus staunte, wie sich unsere ans miese Klima längst gewohnten Jungs durch Sturm und Regen kämpften und dabei selbst noch ein Schmunzeln um den Mund spazierenfuhren; nun, unsere verwöhnten ortsunkundigen Kontrahenten konnten sich die Muße eines Blicks auf jene Hunderte von Polizisten an der Strecke, mitten in den hartumkämpften Zeiten, noch viel weniger erlauben, und so brachten sie sich um den schönen Anblick von Legionen aufgeweichter Ordnungshüter, die im Regen standen, die verrutschten Mützen immer tiefer in die wütenden Gesichter zogen und schon nach den ersten Rettungsbooten Ausschau hielten. Nichtschwimmer in Uniform, so weit das Auge und die Pfützen reichten – ja, da ging dem einen oder anderen Radler eben doch das Herz auf, und ein Lächeln huschte übers regennasse, abgekämpfte Fahrerantlitz, das sich Fremde nicht so ohne weiteres erklären konnten. Immerhin, es war vor allem auch das Wetter Axel Peschels, dessen Haar sich längst nicht mehr mit Regenwasser vollsog, denn er trug es seinerzeit schon mehr als offen und fuhr wenigstens den sechsten Platz der Einzelwertung für die DDR-Mannschaft herein, ansonsten blieb das Team ganz ohne Tagessieg, vielleicht, weil es schon selbst begann, gewissen Härten auszuweichen, und bei Regen lieber mit dem komfortablen Reisebus am Start erschien, anstatt, wie früher noch, als unverwüstliche Naturburschen den Zuschauern zu imponieren.

»Heute hier, morgen dort, wir sind überall
und führen wir rings um den Erdenball:
Eines Tages hat die Welt noch ein anderes Gesicht,
sie wird uns nur Sonnenschein schenken,
doch ohne uns weichen die Schatten nicht,
wenn wir nicht stets daran denken.«

Gleich zu Beginn der Friedensfahrt von 1966 ließ Axel Peschel keinen Zweifel daran, daß er sich mit seinem Abschneiden im Vorjahr nicht zufriedengeben würde, und gewann denn auch sofort das erste Rennen rund um Prag – ein weiterer Beweis dafür, daß Etappensiege nicht, wie gern behauptet wurde, auf die jeweils heimatlichen Matadore ausgerichtet wurden. Entschlossen sah man Peschel auch in anderen Etappen, und selbst vor körperlichen Rangeleien machte er später auf heimatlichem Territorium nicht halt und somit eigenen Boden gut, als ihm beim Spurt die Trikolore in die Quere kam. Er schob in Wismar erst einmal Leduq zur Seite, gerade so, als wollte er ihn in die offene See verfrachten; eine unschöne Attacke, die in jenen Jahren schnell zum teuren Spaß geraten konnte: eine Strafminute, eine saftige Verwarnung, zwanzig Mark Protestgebühr, die an den Hauptschiedsrichter gingen – mithin an das scheinbar nicht gerade schlechteste Engagement, das so ein Funktionär der Tour erhalten konnte, aber Peschel hatte Glück, er wurde im Gesamtklassement in diesem Jahre Dritter; also hatte sie sich doch gelohnt, die kleine Missetat, zumal sie ungefähr auch schon das Schwerste war, was diese Friedensfahrt an sports and crime zu bieten hatte.

»O nein, wenn man nur ahnt und glaubt,
Darf man den Stab nicht einfach brechen,
Und wenn man nur dem Scheine traut,
Wird sich das Unrecht einmal rächen.«

»Jedermann an jedem Ort – einmal in der Woche Sport« – der Slogan wurde offiziell und schmückte plakativ die Spartakiaden oder andere Großveranstaltungen wie das Turn- und Sportfest; aus Apolda kam zumeist die einheitliche Mannschaftskleidung der entsandten Riegen, die im Karo-Look die Röcke, Jacken und vor allem die als frech geführten Mützen oder Käppis auf den Laufstegen der Stadionränge demonstrierten. Noch war die Republik weit entfernt, sich in die Weltspitze zu manövrieren, Alfons Zitterbacke aber träumte auf dem Fahrrad und im Film davon, einst ein umjubelter

Athlet wie Täve Schur zu sein, vielleicht ein Grund, warum der Kinderfilm als einer der ganz wenigen das Kahlschlag-Plenum dieses Jahres überlebte.

Schwarze Freitage waren bei der Friedensfahrt die Ausnahme, und blaue Montage fielen eher auf den Sonntag oder einen anderen Ruhetag in guter Lage. Für die Fahrer jedenfalls lief der Kalender bestenfalls wie eine Sonnenuhr; die Zeiger waren Tage, die entweder lange oder kurze Schatten warfen, und ihr Ende war an einem Abend eher, schon am nächsten später und am übernächsten vielleicht gar nicht abzusehen. Auch das gehörte zu der neuen Zeitrechnung, für die das Rennen unterwegs war – wie Karl Mundstock, der sich 1967 mit Entdeckerlaune wiederholt unter das Radlervolk begeben hatte und es diesmal soziologisch unterwandern wollte, indem er die Fahrer, die wahrlich anderes als Kalendersprüche brauchten, mit der Frage nach dem aktuellen Datum in die Irre trieb. Dabei wußte doch gerade er, daß man mit dem Entsetzen keine Possen treiben sollte, was also trieb ihn zu solchem Tun? Vielleicht die Neugier, wie die beinah vierhundert Beteiligten verschiedener Kontinente, Rassen, Religionen, Nationalitäten und Systeme sich den Lauf der Zeiten dachten; wie sich Monarchisten, Islamisten, Mammonisten, Sozialisten oder Kommunisten, die sich noch in die umkämpfte Gegenwart zu teilen hatten, dereinst in der klassenlosen Zukunft orientieren würden, die ganz zweifellos ins Haus stand. Schon erfanden zukunftsfrohe Schreiber, nicht nur für die Pioniernachmittage, ganz selbstverständliche Zusammentreffen künftiger Berichterstatter, die, noch weit vor der Jahrtausendwende, in Amerika in einem volkseigenen Pressezentrum sitzen und sich gegenseitig kaum unterscheidbare Reportagen schreiben würden – so sehr drückte der Reporter aus den Staaten seinem russischen Kollegen, umgekehrt der Mann aus Moskau seinem Freund aus Washington die Daumen, dessen Mannschaft möge diesmal siegreich sein. Nun, das war gar nicht mehr so lange hin, ein paar

Täve Schur nimmt als Geschenk der belgischen Equipe das erste Rennrad
für seinen Sohn Jan entgegen

Jahrzehnte höchstens noch, und unsere Friedensfahrt würde, von einem Raumschiff über Baikonur zum Beispiel, in den letzten Winkel der befreiten Erde übertragen werden. Der Course de la Paix würde um das Epitheton mondiale genauso schnell erweitert wie die Übertragungstechnik um die Möglichkeit, selbst noch auf Sumatra und in der schlimmsten Regenzeit, für einen sauberen Empfang der großen Fahrt zu garantieren.

»Nie sei vergessen,
daß wir der Freundschaft unter den Völkern dienen,
daß wir den Frieden verteidigen
gegen die Kriegstreiber und Sklavenhalter,
gegen die Rassenhetzer und Revanchisten.«

Dank der dichterischen Beihilfe durch Ablenkung der anderen Fahrer mittels datensicherer Umfragen von Mundstock fuhr die DDR-Mannschaft in jenem Jahr den zweiten Platz in der Gesamtwertung nach Haus, natürlich auch der neuen Fahrer wegen; Dähne, Hoffmann oder Marks beschäftigten selbst alte Haudegen wie Maes aus Belgien, den späteren Einzelsieger, Kirilow, den beinah unschlagbaren Spurter aus Bulgarien, oder auch den unverwüstlichen Jan Smolik, der noch immer große Rennen fuhr. Beinahe zweiundvierzig Kilometer in der Stunde rasten sie die Straßen für den Frieden rauf und runter. Und da Friedensfahrer gute Rechner waren, wußten sie natürlich auch, daß man den Durchschnitt nur im Zentrum maß, als mittlere Geschwindigkeit gewissermaßen zwischen dem geringsten und dem höchsten Tempo, also zwischen Null und – dreiundachtzigkommasechs! O Mann, so schnell fuhr damals kaum ein volkseigenes Motorrad, kaum eine Limousine aus dem Sächsischen oder dem Thüringischen, und kaum eine Straße war für solche Schußfahrten tatsächlich ausgelegt – nein, sie waren wirklich tolle Kerle, die selbst vor der durchschnittlich ermittelten Gefahr nicht bang zurückfuhren, wenn es um den Frieden ging.

Zweifellos von solchem Tempo angestachelt, hatte allerdings die Republik inzwischen auch den Wartburg 353 auf ihren Rumpelpisten längst getestet und mit fünfundvierzig Pferdestärken als Verkehrsteilnehmer zugelassen. Seine Kombiversion hieß »Tourist« und gab sich weltläufig, vor allem aber schluckte er als erstes Auto, ordentlich verstaut, auch ganze Fahrräder, ein Fortschritt, den man gar nicht hoch genug bewerten konnte. Doch exportverdächtig und devisenträchtig war selbst die luxuriöseste Version des Wartburgs sicher nie, das Moped »Spatz« hingegen plusterte sich so sehr auf, daß es sogar im Westen ein paar hundert Käufer angezogen haben soll, die sich belustigt und für fünfhundertundvierzig Mark den seltenen Vogel vor die Haustür stellten.

Wieder mit von der Partie war Gustav-Adolf Schur, jedoch schon längst nicht mehr auf seiner ungeschützten Rennmaschine, sondern im beheizten Wagen eines Directeurs, zu dem man Täve 1968, also vier Jahre nach seiner Selbstbeförderung in einen vorgezogenen, sportiven Ruhestand, ernannt hatte. Das klang nach Aufsichtsrat, nach Nadelstreifen und Chauffeur, doch es war, wie man weiß, ein nicht so fein bezwirntes Gremium, das die Wahl getroffen hatte, und der Directeur war auf gut Deutsch auch nur ein Dienstmädchen, zudem ganz ohne jedwede Erfahrung in der wirtschaftlichen Haushaltsführung, das den Fahrern jeden Wunsch von ihren müden Augen abzulesen und geschwinde zu erfüllen hatte, etwa den, die kalten Duschen zu beenden und nach Abschluß eines harten Rennens stärker aufzudrehen als bisher. Gottlob war unser Täve, wie der aufmerksame Leser sich erinnert, in der Jugend ein recht hoffnungsvoller Zunftgesell der Schlosserinnung, der sofort ans Räderwerk des Kessels ging, Ventile aufzog, Kohlen in den Kessel schippte und für wohle Wärme sorgte – allerdings im Küchen- statt im Sanitärtrakt: in der Duschabteilung stiegen die Athleten flink zurück in ihre durchgemuffelten, jedoch noch immer warmen Radlerhemden, und im Speisesaal fuhren sie aus ihren neuen, plötzlich aber angeschwitzten Abendbrottrikots. Ja, wieder einmal zeigte sich, wie tief die Redewendungen der werktätigen Massen aus dem Leben kamen, die seit Unzeiten schon davon sprachen, daß die Götter vor den wärmenden Erfolg den Schweiß gesetzt hätten: Es ist noch kein Heizer vom Himmel gefallen, auch ein Meister mußte das begreifen, alle Male ein verdienter, mehrfach ausgezeichneter des Sports, erst recht ein zweifach vor der Welt als solcher ausgewiesener.

»Kurz behost durch die Arena eilend,
fühlt der Mensch sich zwiefach angenehm bewegt,
weil der Sport, wenngleich auch nervenheilend,
lungenweitend oder fettverteilend,
andererseits erneut den Appetit anregt.«

Wirkliche Erfolge brachten allerdings in jenem Jahr unsere Olympioniken mit, die sich in Mexiko von ihrer besten Seite zeigten; Roland Matthes war mit siebzehn Jahren der umworbene Star und siegte gleich auf zwei Distanzen, Manfred Wolke wurde unser zweiter Boxolympiasieger, und der Klassenfeind war um Medaillenränge abgeschlagen: die Erklärung des Triumphes war verblüffend einfach – das Tandem Hauff und Henkler war mit den Athleten in die luftige Arena Mexikos gereist und hatte sie ohne Unterlaß mit volkstümlichen Weisen und bisweilen beinah hartrockigen Eskapaden in der besten Kämpferlaune gehalten – selbst die Leichtathleten sollen so leichtfüßig wie nie zuvor davongeeilt sein.

1968, ob im Osten oder Westen, galt gemeinhin als ereignisreiches Jahr. Doch bei den späteren Chronisten unseres friedfertigen Rennens suchte man vergeblich nach den Spuren solcher wichtigen Begebenheiten, die doch sicherlich auch gerade für den Frieden von beträchtlichem Interesse waren: Fehlanzeige. 1968 ging in die Annalen als das Jahr des Mantels ein – das klang ein bißchen nach Gogol, ein bißchen astrologisch nach dem Reich der Mitte und beschrieb die wundersame Reise eines nagelneuen Trenchcoats aus ockerfarbener Popeline. Das muß man sich nun vorstellen: ein mildtätiger Thüringer warf, regelwidrig zwar, doch mit dem unbeirrbaren Humanum in sich, seinen Überzieher einem kältezitternder Azzurro um die blaugefrorenen Schultern; der Südländer wärmte sich damit bis ans Ziel, konnte sich dort jedoch nicht mehr erinnern, wo ihm jenes Wunder widerfahren war, das ihm beinah wie unverhofft vom Himmel regnendes Manna erschien, wäre ihm die volkseigene Polizei nicht beigesprungen, um klarzustellen, daß die Suche nach dem rechtmäßigen Eigentümer dieses Mantels gleichbedeutend mit dem Auftrag war, das metaphysische Geschwätz von irgendwelchen wundersamen Vorkommnissen aus der aufgeklärten Welt zu schaffen.

In Grenoble bei den Winterspielen hatte Eisprinzessin Gaby Seifert eine silberne Medaille ersprungen, und die Republik geriet ins Schwärmen und ins Grübeln darüber, ob das Gesicht der Trainerin für den Erfolg verantwortlich zu machen wäre oder doch eher die Beine ihres Schützlings, die noch jedem Stopper eines Zweitligavereins zum nötigen Respekt beim gegnerischen Sturm verholfen hätten. Zweifellos, die Beine Gabys waren wunderbar stabil, dennoch blieben Unterschiede zwischen ihren und zum Beispiel denen unseres Kapitäns.

Nun, wäre Ampler dieses Mantel-Wunder widerfahren, hätte Polens Sprinttalent Czechowski vielleicht eine weitere Chance gehabt; der war zwei Tage früher als umjubelter Etappensieger in das Suhler Stadion eingefahren, diesmal aber resignierte er beim Anblick der berühmten Waden von Klaus Ampler, die selbst Täve schon, nach eigener Auskunft, oft hatten verzweifeln lassen: Amplers Beine, knackig wie die damals noch exportverdächtigen Spreewälder Gurken, raubten jeglichem Verfolger seinerzeit die Sinne und vereitelten von vornherein fast jeden Überholversuch. Wenn jener Mantel allerdings nicht einem Italiener, sondern – in der Heimat überdies auch viel wahrscheinlicher – Ampler zugeworfen worden wäre, so hätte er vielleicht auch dessen Waden eingehüllt und unsichtbar gemacht, der Pole wäre vorbeigezogen, ohne sich noch einmal umzudrehen. *Das sind doch nur die Beine von Klaus Ampler,* hätte damals sicher gern der eine oder andere das bekannte Lied über Dolores variiert und sich so selber Mut gemacht, da aber half kein Summen und kein noch so couragiertes Trillern – schon ein Blick auf die gestählten Muskelstränge unterm Wams von Klaus bedeutete für jedermann das Aus. Zumal der, neben seinen Ballerbeinen, auch noch die Gewieftheit eines alten Hasen hatte und sich, wenn die legendären Wadenbeine einmal einen nicht so großen Tag erfahren konnten, auf die tückischsten Attacken und Manöver zu besinnen wußte, etwa bei der letzten Tour-Etappe jenes Jahres, kurz vor Warschau, als er merkte, daß er einen kollektiven Sprint aus einer Spitzengruppe mit drei anderen Fahrern, unter ihnen überdies ein Pole und mithin ein scheinbar unbezwingbarer lokaler Matador, unmöglich für sich entscheiden konnte. Ampler gab den plötzlich

Mut- und Saftlosen, der sich verschätzt hatte und nun sein letztes Stündlein nahen fühlte. Mit der Mimikry des waidwunden, verröchelnden Gejagten schien er hinter den drei Kontrahenten fast von seinem Rad zu fallen, so daß sie glauben mußten, Ampler sei am Ende, und sich nun ausschließlich aufeinander und nach vorne konzentrierten. Doch am Tunnelende und im Licht der Stadioneinfahrt mußten sie, zu spät, erkennen, daß sie einer Finte aufgesessen waren – Amplers Beine wirbelten im Tempo zweier Besen eines offenen Mixers, den die Hausfrau offenbar vergessen hatte abzuschalten, an den anderen vorbei und fuhren den letzten Sieg auf dieser Fahrt nach Hause.

»Lauf, Jäger, lauf,
Wie die Katz nach der Maus,
Potz Himmeldonnerwetter,
Jäger, lauf, lauf, lauf,
Und drehe tüchtig auf
Und drehe tüchtig auf!!«

Die Enttäuschung hielt sich dennoch bei den Warschauern in Grenzen; immerhin erkämpfte sich ihr Team auf dieser Fahrt erneut den Mannschaftssieg, wie schon im Vorjahr, als die Fahrt in ihrem Stadion begonnen hatte. Einer aber überstrahlte, nicht nur seines blanken Scheitels wegen, das Finale dieser Friedensfahrt noch glänzender: Axel Peschel, Sechster 1965, Dritter 1966, unauffindbar 1967, hatte dieses Rennen 1968 nun für sich entschieden und nach Täve Schur, nach Erich Hagen und natürlich nach Klaus Ampler, dessen Einzelsieg jedoch inzwischen auch schon fünf Jahre zurück lag, wieder eine Friedensfahrt für unsere Republik gewonnen – eine wirklich eindrucksvolle Kurve, nur vom Hohelied auf Ampler übertönt, der nun bereits seit vielen Jahren demonstrierte, welchen festen Tritt die DDR im ganzen friedliebenden Lager mittlerweile fassen konnte.

Es würde nicht die einfachste der bislang zweiundzwanzig Friedensfahrten werden, das war 1969 wohl den meisten klar – die Moldaurepublik war nicht bereit, die einmarschierten Schutzpatrone auch noch sportlich und mit einer großen Tour zu unterhalten, doch vor allem nicht, den publizistischen Begleitern jener Fahrt das Argument zu liefern, es sei alles halb so schlimm. Denn selbst der Mann, den seinerzeit die Tschechen und Slowaken ähnlich stark in ihrem Heimatland verehrten, wie man hierzulande vielleicht Täve Schur bejubelte, war aufgestanden, seinem Unmut Luft zu machen: Emil Zatopek, der 1952 in Helsinki solchen Dampf aufmachte, daß die Prager Lokomotive dreimal Gold einfuhr und mit dem flotten Dreier über fünf, dann zehn und schließlich über zweiundvierzig Kilometer sogar Paavo Nurmi überrannte, hatte sich vor seiner Führung öffentlich vermault, ein ritterlicher Auftritt, der für beinah jedermann in seinem Heimatland fast mehr wog als der grandiose Hattrick eineinhalb Jahrzehnte früher. 1952 dachten noch die meisten, daß dahinter eine Frau, und was für eine, stecken mußte – Gattin Dana warf im gleichen Stadionrund den Speer so weit wie keine andere, und ihr Mann behauptete kokett, er wäre allein vor ihrem Fluggerät so schnell geflohen, daß er gewonnen hatte. Doch im Vorjahr, 1968, war es auch für Emil Zatopek und seine Frau mit Scherzen dieser Art vorbei. Der mittlerweile arrivierte Militär sorgte noch einmal für Wirbel, als er nun die Kameraden der befreundeten Armeen mit ihren Panzern sofort wieder in die eigene Heimat wünschte, was ihm statt einer Beförderung zum General die Arbeit eines Bohrtrupphilfsarbeiters und beinahe die Unsterblichkeit in seinem Heimatlande eintrug. Dubček brachte es noch immerhin zum Forstverwaltungsangestellten, doch zum Strahleruhm des Champions in der damals noch vereinten Moldaurepublik war nun für alle Zeiten das Gesicht des tapferen Patrioten noch hinzugekommen, das zum ersten und zum letzten Male unter der Obristenmütze von den Titelseiten in der ganzen, halben Welt heruntergrimmte.

Doch um die Dreiländertour, zu der die Friedensfahrt in eben jenem triumphalen 52er Jahre Emil Zatopeks geworden war, nicht als bereiften Pranger nur der DDR und Polen vorzuführen, klingelte im letzten Augenblick das Telefon, mit dem o. k. für eine kurze Spieß-Route durch das besetzte Freundesland, exakt für – einhundertundachtzehn Kilometer! Das war kaum die Hälfte einer durchschnittlich gefahrenen Etappenlänge und ein böser Scherz zudem, denn: wer mochte da wohl gerufen, wer die Strecke – wenn man sie denn so nennen wollte – vorgegeben haben und zu welchem Zweck? Nun, allzu viele Rätsel gab das keinem auf, die Rechnung schien sehr simpel, klang nach Nötigung des Fahrerfeldes und ging, vielleicht gerade deshalb, nicht wie geplant auf. Polizei und Absperrketten waren Friedensfahrer längst gewohnt; sie wußten, daß sie nur dem Schutze der Athleten vor der manchmal allzu großen, tätigen Begeisterung der bunten Menschenmassen hinter ihnen dienten. Diese kurze Fahrt jedoch schien höchstens durch ein Heerlager zu führen, keine jubelnden Passanten standen hinter lachenden Milizionären wie in all den früheren Jahren, hin und wieder säumten sogar nägelwerfende Soldaten die anbefohlene Piste; blanke Hinterteile drückten patriotisch aus, was sie von diesem Rennen, jedenfalls in diesem Jahre, hielten. Die Moral der Fahrer wurde hart geprüft, die Kampfreserve war, wie auch der Reifenvorrat, schnell erschöpft – es war ein totes Rennen ohne Sieger, das sich so nicht wiederholte, wenngleich es auch in den achtzigern noch einige Etappen gab, in Polen und in der Sowjetunion, die keinesfalls als Ruhmesblätter gelten konnten.

Auch die DDR stand bei so schwierigen gesellschaftlichen Wettbewerben nicht gerade für sportliches Verhalten, ihre Fahrer allerdings gewannen 1969 wenigstens die Mannschaftswertung; ob es eine große Freude war, wird nicht mehr so genau herauszufinden sein. Die Einzelwertung konnte Danguillaume für sich entscheiden, und es war ganz zweifellos ein wenig vom bekannten Glück im Unglück, daß ein unbeteiligter Franzose diese Fahrt gewonnen hatte und ihr so ein wenig von dem bitteren Beigeschmack genommen haben mag. Vor allem aber ging in diesem Jahr ein neuer Stern auf, denn Szurkowski, König Ryszard, der sich mit weniger als einer dreiviertel Minute hinter Danguillaume in diesem Jahr noch mit dem zweiten Rang begnügen mußte, würde schon im nächsten Jahr zur unumstrittenen Triumphgestalt des Rennens werden, das im übrigen schon wieder in der Moldaumetropole startete – so manches wurde eben schnell vergessen, nicht allein die Aufgebrachtheit in der Goldenen Stadt: sogar die Waden von Klaus Ampler waren seit den ersten Auf- und Antritten Szurkowskis nur noch eine nachsichtig belächelte Erinnerung.

»Es war nun doch sein letztes Wort,
Von eurem Rat wollt'er nichts wissen,
Er setzt das Rennen nicht mehr fort,
wir werden morgen ihn arg vermissen,
Vorbei die Chance des Sieges in Prag,
Die schon so greifbar nahe lag!«

Belächelt wurde Jahre später auch der letzte Schrei des Jahres 1969, denn zu ihrem zwanzigsten Geburtstag hatte sich die Republik selbst ein Präsent gemacht und gleich auf diesen Namen taufen lassen: Präsent zwanzig. Aus der Modemetropole Cottbus kamen Anzüge, Kostüme, Jacken, Hosen oder Röcke, die den Fortschritt endlich kleidsam machten. Einhundert Prozent Synthetik, das großrundgestrickte Weltniveau schlechthin, kam endlich in den Modefarben weinrot, ockerbraun und kübelgrün daher, war formbeständig und elastisch wie die Reifen unserer Fahrer – und genauso luftdurchlässig. Alle waren glücklich, trotz der tellergroßen Flecke unter ihren Achseln, und als wenig später die präsentgummierten Kleider mit dem wunderbaren Grisuten zu einer neuen Mischung umgeschmolzen wurden, hatte die Bekleidungsindustrie endgültig ihr Ventil gefunden, und man konnte wieder wagen, auch mit einem solchen Pulli auf sein Rad zu steigen, ohne sofort zu zerfließen.

Die Algerier galten hierzulande stets als ausgeschlafene Zeitgenossen, die ganz Afrika mit ihrem Beispiel weckten. Doch am Morgen vor der wichtigsten Etappe drehten sie sich 1970 glatt noch einmal auf die Seite, um in aller Ruhe selbst den eigenen Start aufs Spiel zu setzen. Nun, das konnte wohl kein Friedensfreund und noch viel weniger ein Radfernfahrer für die gute Sache auf die leichte Schulter nehmen, wenn es auch sehr einfach zu verstehen war, denn: die Franzosen waren gestürzt. Man hätte ihre müde Überreaktion historisch also durchaus in der Ordnung finden können, hatten doch auch unsere Revolutionäre nach dem Sieg ein Recht auf ihre Unzufriedenheit, wenn jene alten Unterdrücker in den neuen Hospitälern bei der Friedensfahrt rund um die Uhr betreut und maximal vom Personal verwöhnt wurden, wie es Nogue und anderen widerfuhr. In Potsdam konnten sie sich vor der Fürsorge der hübschen Schwestern fast nicht retten, die es darauf anzulegen schienen, sie an diesem Orte aufzunehmen, wie es zwei Jahrhunderte zuvor bereits den Hugenotten widerfahren war. Neidisch sahen die Söhne der regierenden Rebellen, wie die Stammhalter der fremden Legionäre Tag und Nacht beputtelt wurden, nur, weil sie mit ihrem Sturz hausieren gingen, während man die Nachfahren der fortschrittlichen Freischärler beinahe disqualifizieren wollte. Womöglich hatten sich Gaullisten in das Team der internationalen Schiedsrichter geschlichen, die den Austritt Frankreichs aus der Nato nicht verwinden konnten und den Frieden durch die Teilnahme der ehemals von ihnen abhängigen Kinder schwer bedroht sahen, denn im Folgejahr erschien es anfangs sogar fast, als würde nun die Grande Nation das friedfertige Rennen selber schwänzen, wenn nicht boykottieren. Doch es war nur Personalmangel, der sich sehr schnell in Wohlgefallen löste, allerdings: man fand es wiederum bestätigt, in welch wirklich große Fragen und Zusammenhänge noch die kleinsten Episoden und Beobachtungen dieses Rennens reichen konnten, und erkannte, daß sogar die Sorgen jener nachtmützigen Kinder der erfolgverwöhnten Partisanen aus Nordafrika nicht einfach einzubetten waren.

»Leise dämpfen die ehernen Schenkel
die Schnellwucht der jähen Bewegung.
Erregung des Augenblicks
verklingt wie der Ton einer Harfe.
Und in sich ruhend verläßt der Athlet
den offenen Kreis der Bewegung.«

Immerhin, die gute Pflege hatte sich gelohnt, denn hinter König Ryszard stieg ein Franzose, Duchemin, als Zweiter aufs Berliner Siegertreppchen. Noch im Vorjahr war es umgekehrt gewesen, als Szurkowski sich nach Danguillaume auf das Podest der DDR-Hauptstadt begab und dem Franzosen gratulierte. Diesmal aber hatten die Athleten des Ulanenstaates aufgedreht wie nie zuvor, denn jeder Fahrer dieser Mannschaft buchte einen Tagessieg, das hatte es vorher noch nie gegeben; in der Einzelwertung der sechs Besten waren vier vom Weichselstrand, ganz klar, daß Polen auch die Mannschaftswertung souverän für sich entschied, Szurkowski gab schon auf der Startetappe in der Goldenen Stadt das Tempo vor und siegte insgesamt dreimal auf dieser Tour: *Nie vorher sah man Polen so geschlossen!* schrieb ein Zeitgenosse ahnungslos, und ungeahnte Solidarisierungskräfte mochte damals schon so mancher in den Männern aus der Nachbarrepublik vermutet haben. Die jedoch schweiften noch nicht in irgendeine Ferne, sondern konzentrierten ihre Solidarität fürs erste auf das nächste Jahr und ihren Kapitän, um ihm für alle Zeiten, neben Vesely und Schur, Smolik und Steel, Petrow, Saidchushin und noch manchem anderen einen angemessenen Platz in den Annalen dieser Tour zu sichern.

Für die DDR war 1970 insgesamt ein eher nasses Jahr. Noch 1969 konnten sich die Fahrer in Berlin zumindest für den Mannschaftssieg gehörig feiern lassen, hatten rund ein halbes Dutzend der Etappen heimgefahren, diesmal aber standen sie nicht nur im Schatten dieser überstarken Polen, es schien, als brauchten sie auch überhaupt ein Innehalten. Einen einzigen Etappensieg fuhr Peschel, immer noch so unverwüstlich zuverlässig wie in den vergangenen

Rennen, in der Havelmetropole Potsdam auf sein Punktekonto und für die Sekundenzeiger seiner Mannschaft ein. Das war es aber dann schon, kein Sieg, nicht einmal einen Platz gab's in der Endabrechnung zu verbuchen.

»Der Schlag des Herzens bleibt allein.
Vor Achtung dieser unbekannten Größe stockt die Uhr.
Stumm bleibt die Wand der Gesichter,
Doch einen Augenblick des heißen Atems nur.
Ein Wind geht über die graue Bahn.«

Auch 1971, bei der nächsten Fahrt, gelang nur Dieter Mickein ein solch einmaliger Ausflug. Von der DDR-Mannschaft war kaum etwas zu sehen, das Aufgebot schien nicht geeignet, wenigstens den Bund fürs Leben dieses einen Rennens zur Genüge abzusichern. Mickein sprach den anderen Mut zu, durchzuhalten und sich zu bemühen, bis daß der Berg sie scheide, und kam in der Einzelwertung noch als Letzter mit dem ersten Dutzend ins Finale: neue Männer, mutmaßte der eine oder andere längst schon, brauchte jetzt das Land – auch bei der Friedensfahrt.

So neue Männer, wie sie unsere Nachbarn aus der Weichselrepublik – auch bei der Friedensfahrt – inzwischen offenkundig hatten, wünschten sich vor allem die Millionen an den Straßenrändern, die im Radio die Meldungen vernahmen und von ihren Logenplätzen aus verfolgten, wie die Jungen um Szurkowski ihrem Kapitän zum wiederholten Einzelsieg verhalfen, der erneut zwei Tagessiege, noch dazu auf fremdem Boden, auf sein Konto schreiben konnte – eine Leistung, die im nächsten Jahr schon nicht mehr reichen würde, ihn unter den ersten Sechs zu sehen. 1971 aber blieb auch in der Goldenen Stadt kein Auge trocken, als Szurkowski sich den Siegerkranz zum zweiten Male umhing, selbst die Fahrer der Sowjetunion, die sich, verdient, den Mannschaftssieg erfahren hatte, wurden von den Pragern nicht mehr länger mit der heimischen Regierung in Zusammenhang gebracht und mit gebotenem Respekt beklatscht. Man mußte sich, wie's schien, an die Entwicklungen gewöhnen – auch im Sport, wo, erstmals in der Friedensfahrt, ein Dopingfall Erwähnung fand. Ihn mit diversen Mängeln, hierzulande oft *gesellschaftliche Ursachen* genannte Mißstände, des westlichen Systems zu konfrontieren, wurde selbstredend nicht versäumt,denn das kleine Sünderlein kam Gott sei dank aus Belgien und nicht aus dem Fahrerlager mit der ungetrübten Perspektive. Van der Linden war, wenn man so will, ein Flori Apfelböck des Radrennsports, verführt bis in den jüngsten Tag. Er kam vom Lande, träumte schon naturgegeben und als Kind von riesigen Kartoffeln, folgerichtig ging er einem Bauernfänger in der Heimat auf den Leim, der ihn sprichwörtlich an der Nase rumgeführt und dann mit bösen Tropfen in das Rennen geschickt hatte – eine faule Tour, die ein aufschlußreiches Licht auf solche *amis faux* und die vermoderten Verhältnisse sowie die Aussichtslosigkeit der Jugend, tief im Westen, warf. Zugleich jedoch wies sie auch auf die Sauberkeit der Friedensfahrt, die Wachsamkeit der Kontrolleure und die Lauterkeit der Amateure aus dem volkseigenen Lager, die sich der Gegenwart des fahrbaren Labors nur allzugern versicherten und lieber freiwillig dreimal täglich in ein Röhrchen pieseln wollten, ehe sie sich einmal solchen falschen Freunden anvertrauen würden.

»Freunde im Sport und im Leben zu sein,
Freunde auf Biegen und Brechen,
einig im Willen, sich nie zu entzwein,
gleich, welche Sprache wir sprechen.«

Fünfundzwanzig Jahre Friedensfahrt, ein Jubiläum, das selbst weniger dem alljährlichen Fest Gewogene erstaunt zur Kenntnis nahmen, prägten 1972 das Gesicht der Tour, die selbstverständlich alle nur erdenklichen Superlative sammeln wollte und sie, jedenfalls nach dem Bekunden ihrer Sekretäre, auch erreichte. In der DDR-Hauptstadt sahen einhundertundzwanzigtausend Zuschauer den Start zur Jubiläumstour – das war natürlich absoluter Zuschauerrekord; und da Lothar Milde, hoffnungsvollster Neuzugang der DDR-Mannschaft, am zweiten Tag die Rundfahrt um Berlin für sich entscheiden konnte, darf man sicher sein, daß sich sogar der Lärm der Jubelnden auf einem Phonniveau bewegte, das als rekordverdächtig, wenn auch nicht so akkurat wie anderes vermerkt war. Milde machte übrigens die Fachwelt mit dem Husarenstück auf sich aufmerksam, nach dem erwähnten Tagesausflug um unsere Hauptstadt, sofort zwei weitere Etappen zu gewinnen, immerhin zwei ziemlich lange Riemen durch den Harz und bis nach Thüringen. Der Hattrick allerdings gleich zu Beginn erschöpfte ihn ganz offenbar, denn in der Einzelwertung war er nicht mehr im bekannten, ersten Dutzend aufzufinden – ebenso wie König Ryszard, der im letzten Drittel dieser Fahrt drei Tagessiege einfuhr und es dennoch, als haushoher Favorit beargwöhnt und gehetzt, nicht in die Spitzengruppe brachte. Seltsam, seltsam, und wenn man zudem noch lesen mußte, daß auch Schiedsrichter nur Menschen waren, die schon einmal die Trikots so unterschiedlicher Nationen, wie sie Belgier und Finnen doch erwiesenermaßen waren, einfach so verwechselten, so daß nur die Ehrlichkeit der Finnen das Desaster einer Fehleinstufung gerade noch verhindern konnte, war man auf der Hut. Was Milde und Szurkowski indes nicht gelang, besorgte, ebenfalls für Rechenkünstler nicht gerade plausibel, Kühn, der somit seinem Namen alle Ehre machte und in Warschau bei der Siegerehrung, ohne einen Tagessieg, aufs dritte Treppchen stieg. Auch seine Mannschaftskameraden waren ein wenig besser als im Vorjahr aufgefahren und hatten sich auf den bronzenen Rang geschoben – immerhin in einem Rennen, das den bislang geltenden Geschwindigkeitsrekord erheblich überbieten konnte und mit einem Stundenmittel von beinahe dreiundvierzig Stundenkilometern dem Jubiläum nochmals seine Reverenz erwies. Das Tempo hatte dabei gar nicht ohne weiteres auf der Hand gelegen, denn das eine oder andere Malheur war durchaus geeignet, das Stundenmittel eher zu senken als zu heben. Beispielsweise hätte der Verlust des Chronometers, den ein Engländer betrauerte, durchaus auch eine Drosselung des Tempos insgesamt bewirken können, wenn der etwa, ähnlich unbeherrscht wie Nikita Chruschtschow, darauf verfallen wäre, mitten in der Vollversammlung des zerfahrenen Hauptfeldes, nach seiner abgefallenen Armbanduhr zu suchen und dann mit dem Schuh in der berühmt gewordenen Weise wie wild herumzufuchteln und, nur weil er sie nicht gleich gefunden hatte, seinem Unmut Luft zu machen und die Friedensfreunde insgesamt in Bausch und Bogen zu verdammen. Nun, auch so etwas hätte passieren können, aber Friedensfahrer waren eben keine Maisbauern und wußten ganz genau, wie man sich für den menschheitlichen Fortschritt zu betragen hatte, ganz besonders, wenn man Gast in einem fremden Lande war. Doch auch ein anderes Ereignis wiederholte sich auf jener Fahrt von 1972 in der besten Jubiläumsqualität: Ein Fahrer kam mit einem Tourenrad ins Stadion hereingesaust, und mit Erstaunen sahen fünfundvierzigtausend Magdeburger, wie sich Gilchrist auf dem Fahrrad eines Halbwüchsigen übers Ziel schob: beinah auf den Tag genau und fünfzehn Jahre früher, 1957, war, wie treue Leser sich erinnern werden, Poulsen, jener einfallsreiche Däne, mit dem Fahrrad einer Hausfrau in die Innenstadt von Görlitz und ins Stadion gestürzt – ein seinerzeit gefeiertes Ereignis, das unwiederholbar schien und nun, im wahrhaft goldenen Moment, exakt noch einmal wiederkehrte.

»Aber seht nur, jetzt erscheint
Unsere Mannschaft, neu vereint,
Bravo, Freunde, frisch zum Start,
Hals- und Beinbruch für die Fahrt!!«

Klar, daß man im Jahre Fünfundzwanzig dieses Rennens schon das fünfzigste im Blick der langfristigen Planung hatte und die wichtigsten Entscheidungen viel lieber früher als vielleicht zu spät treffen wollte. Nicht umsonst war stets von der Familie dieser Fahrt die Rede, und erst recht in einer gut organisierten Großfamilie sollten die Verhältnisse stets ordentlich und überschaubar bleiben.

So galt seit 1973 die arabische Bezifferung der Friedensfahrt – schließlich konnte man sich nicht zugleich auf endlos lange römische Kolonnen und die Schlange des zerrissenen Fahrerfeldes konzentrieren. Freilich, auch ein Stückchen Feierlichkeit kam dem Rennen durch solch kleine Änderungen abhanden. Varus, gib mir die Legionen meiner Zahlen wieder, mag im Geiste mancher vor sich hingegrübelt haben, der sich feinnerviger und mit Sinn für die Historie den Friedensfahrten näherte und nicht nur Sieg und Platz addierte, obwohl auch die Geschichte machen konnten, was niemand schlagender bewies als unser Tourenheld Szurkowski, der in diesem Jahr zum dritten Mal die Friedensfahrt gewann. Das war die sicher glänzendste Replik an alle Zweifler, die ihn schon im Vorjahr auf der schiefen Ebene sahen, und ein einzigartiger Triumph: Szurkowski blieb der Gladiator, um hier letztmalig ein römisches Gewand zu präsentieren, denn auch ein Chronist soll sich historischen Beschlüssen fügen und nicht die Vergangenheit von späteren Äonen her zu hofmeistern versuchen.

Es war zugleich das Jahr, in dem die Landsleute Szurkowskis ihre deutschen Nachbarn erstmals seit dem unseligen Krieg erneut wieder mit Mißtrauen sahen: neun Millionen nutzten die Besucherregelung, in die DDR zu reisen, die nun endlich die plausible Erklärung hatte, weshalb es bestimmte Waren in den eigenen Regalen niemals gab. Kassiererinnen schwangen sich zu Sicherheitsbeamten auf, die Taschen, Ausweise und Portemonnaies über die Eierlampen hielten, Babywäsche, Arbeitsschuhe, selbst Lebensmittel durften sie den Gästen wieder abnehmen, und daß der Pole, lange vor dem Autoklau, am liebsten Fahrräder im Dutzend schmuggelte, war jeder Hausfrau klar – sie las es schließlich beinah wörtlich in den eigenen Zeitungen.

Von der DDR war 1973, außer bei einem einzigen Etappensieg des Neulings Thomas Huschke, abermals kaum etwas zu bemerken, denn sie tauchte weder in der Einzelwertung noch im Mannschaftsrennen bei den Vorderen auf. Vielleicht waren die Verhältnisse im Land ein bißchen zu nervös für die gelassene Vorbereitung, oder

Finale 1973 in Berlin: Mannschaftssieger Polen; Szurkowski bescheiden im Hintergrund; vorn schon Szozda, der kommende Mann; 2. UdSSR, 3. ČSSR

die Rekordjagd der vergangenen beiden Jahre forderte ihr doch zuviel ab. Immerhin war dieses Rennen das rasanteste, das je gefahren wurde, auch die schnellste der Etappen fiel in diese Tour, fast fünfzig Stundenkilometer hatte man gemessen, durchschnittlich, versteht sich wiederum; und auch grandiose Einzelleistungen auf dieser Fahrt gehören für immer ins Diarium der Friedensfahrt: Waleri Lichatschow gewann glatt sechs Etappen, mehr als je ein Fahrer vor ihm, nicht nur bei der Friedensfahrt, vielmehr bei einem Straßenrennen überhaupt. Es gab, mit anderen Worten, keinen Grund, sich für das durchschnittliche Abschneiden vor unseren Werktätigen und erst recht vor der Führung zu genieren.

Dennoch versprachen sich die einen wie die anderen sicher von der Friedensfahrt des Jahres 1974 wieder einmal etwas mehr Glanz für die eigenen Fahrer. Hans-Joachim Hartnick führte sich auf zwei Etappen schon als Hoffnungsträger ein, und auch Gonschorek zeigte Qualitäten, die manch einen zuversichtlich machen konnten. Aber dann kam Szozda, der schon 1973 zwei Etappen bravourös gewonnen hatte und Zweiter im Gesamtklassement geworden war; das war damals allerdings ein wenig in den Turbulenzen des grandiosen dritten Friedensfahrtgewinnes von Szurkowski übersehen worden. Szozda nun, der wie Lichatschow im Vorjahr, auf glatt sechs Etappen siegreich blieb, setzte auf die Egalisierung des Rekordes noch ein unglaubliches Schelmenstück: er gewann von diesem halben Dutzend ein Quartett der sonst doch eher vereinzelten Tagessiege komplett in Folge, siegte zwischen Potsdam und Ústí nad Labem ohne Unterbrechung gleich viermal hintereinander und bestimmte insofern, in Kilometern ausgedrückt, weit mehr als die Hälfte des gesamten Rennens vollkommen allein – fast überflüssig zu erwähnen, daß er diese Friedensfahrt auch insgesamt gewann und, weil sich die Gelegenheit als günstig erwies, auch seinen Mannschaftskameraden, wie im Vorjahr schon, zum Sieg verhalf. Hans-Joachim Hartnick konnte sich dabei zugute halten, daß er vielleicht nicht ganz unbeteiligt am Triumph von Szozda war: er hatte ihm, auf einer längeren Durststrecke, mit seiner eigenen Flasche ausgeholfen und auf diese Weise – denkbar blieb das jedenfalls zumindestens, solang es niemand anders sah – mit seinem Schlückchen Pfefferminztee auch ein Stückchen Friedensfahrtgeschichte mitgeschrieben, die auch 1974 wieder ohne nennenswerte Höhepunkte seiner Mannschaft blieb – an ihm lag's sicher nicht, in diesem Jahr so wenig wie im nächsten.

»Mit Schwung kommt er heran!
Kommt näher
Und näher,
Zum Endspurt tritt er an!«

Tadeusz Mytnik, 1974; der Sieger der ersten Etappe,
später gezeichnet von den Strapazen der Tour

Ohnehin stand 1974, wenn man den Chronisten glaubt, im Licht nur eines einzigen Triumphes: Jürgen Sparwasser ließ Berti Vogts stehen, hob das Leder an Sepp Maier elegant vorbei, die DDR besiegte den so überlegenen Klassenfeind auf dessen Lieblingsfeld und vor dem eigenen Publikum, die Fußballwelt schien aus den Fugen; Magdeburg gewann im gleichen Jahr in Mailand den Mannschaftscup der europäischen Pokalsieger, und mancher glaubte wirklich, daß es nicht nur mit der DDR bergauf ging, sondern daß die kleine Republik sich sogar anschickte, zum internationalen Fußballriesen aufzulaufen.

Die Staffel der Nationen begeisterte Millionen, für den Frieden wie die Fahrer gleichermaßen, denn im Jahre 1975 feierte man abermals ein Jubiläum, unentschlossen, ob man es als frohgemutes, nachdenkliches oder sterbenstrauriges empfinden sollte: dreißig Jahre war der Zweite Weltkrieg schon vorbei, und selbst die Friedensfahrt war mittlerweile achtundzwanzig Jahre alt – trotzdem galt sie noch immer als die keusche, unbefleckte Jungfrau unter all den Rennen der verführerischen Radlerwelt. Am Tage der Befreiung standen an der aufgewimpelten Karl-Marx-Allee, der ersten nach dem Krieg erbauten Straße in ganz Deutschland überhaupt, wie jedes Jahr Zehntausende von Zuschauern – in diesem aber wurden sie von den Chronisten mit besonderer symbolischer Bedeutung an den Rand der spurtreuen Begeisterung gestellt. Doch um so unbekümmerter und schwärmerischer jubelten die Hauptstädter den Zeitfahrern fast einen ganzen Tag lang zu, denn dieser achte Mai gab sich als wunderbarer, warmer Frühlingstag, der die Berliner auch endgültig von der grauen Jahreszeit befreien wollte. Es erstaunte daher niemanden sonderlich, daß die sonnigen Azzurri sofort in die tiefblauen Trikots der besten Mannschaft und die Herzen der Berliner fuhren, die sich an den schönen Jungs genauso wie an jenem Land erfreuten, wo noch jeder Dritte – freiwillig – die Kommunisten wählte, die so gar nicht jenen glichen, die zu Hause alle

Jahre wieder vor die Urnen riefen. Andere Länder, andere Sitten und politische Gebräuche, man gewöhnte sich, denn auch die Zeit war wie ein langes Fahrerband, das heute riß, sich morgen neu formierte und am nächsten Tage ganz verlor, um schon am übernächsten neu geknüpft zu werden. Mittlerweile traten schon die Nachfahren der ersten Friedensfahrer jugendlich in die Pedalen des beinah betagten Rennens: Nentscho Christow, der Gewinner jener Tour von 1957, hatte seinem Neffen längst den Stafettenstab ins Radlerhemd gesteckt und war insofern und als Unikum noch eine prominente Meldung wert. Schon im Jahrzehnt darauf verfügten die großen Kämpen früher DDR-Triumphe über eigene Familiendynastien. Die Jungs von Schur und Ampler geisterten, ein jeder als sein eigener Ikarus, durch unseren streng gehegten Blätterwald: Klaus Amplers Filius wurde in den Achtzigern gleich dreimal hintereinander Sieger jener Fahrt, die zwar sein Vater 1963 bravourös, doch eben einmal nur gewann, und Täves Sohn fuhr den Olympiasieg nach Haus, was seinem Vater nie gelungen war – die Söhne machten sich davon und kräftig von sich reden, wenn auch nicht entfernt so stark wie König Ryszard, denn Szurkowski schaffte etwas, das nie wieder einem Teilnehmer gelingen würde: er gewann zum vierten Mal die Friedensfahrt. Den emsigen Chronisten fehlten, einsehbar, zum ersten Mal die passenden Vergleiche, die Szurkowskis Platz im göttlichen Olymp nicht nur des Radsports, sondern in der Sportgeschichte überhaupt hätten beschreiben können.

Immer noch im Rennen waren auch die alten Haudegen vom Schlage eines Lichatschow und eines Szozda, doch in diesem Jahre setzte sich das DDR-Team endlich wieder einmal sichtbarer in Szene und fuhr auf den zweiten Platz der Mannschaftswertung. Nicht zuletzt durch Hartnick, denn der spielte schon den Part, den Szozda noch zwei Jahre früher übernommen hatte: er fuhr hinter König Ryszard, der endgültigen Legende, auf der zweiten Position ein. Wer aufmerksam die Zeichen deuten konnte, ahnte, wo er Hans-Joachim schon im nächsten Rennen sehen würde.

Wenn der Vater mit dem Sohne …
Jan Schur 1987 nach dem Gewinn des Tribüne-Bergpreises

»Als ich morgens aus dem Traum erwachte,
kratzte ich mir tief beschämt die Wade –
Kunst, verzeihe mir. Ich dachte:
Schade!«

Falls die Friedensfahrer aus der DDR dem Großen, Ganzen und dem eigenen Gemeinwesen tatsächlich so verbunden waren, wie es stets behauptet wurde, müssen sie im Jahre 1976 ihre Bindung offensichtlich etwas lockerer gestaltet haben, denn das Land schien es auf eine zweifelhafte und rasante Talfahrt anzulegen, während sich das Rennen ganz klar aus der Talsohle herausgestrampelt hatte. Während der Geschickelenker endgültig die Maske fallen ließ und sich auf einen abenteuerlichen Kurs begab, zog Hans-Joachim Hartnick sich die vorgeschriebene Tarnkappe noch tiefer ins Gesicht und dem gesamten Fahrerfeld davon – acht Jahre waren immerhin vergangen, seit zum letzten Mal, mit Axel Peschel, ein Athlet der DDR ganz oben auf dem Treppchen stand. Für Hartnick war die Friedensfahrt von 1976 sicherlich das Rennen seines Lebens, nicht nur deshalb, weil er es erst auf den letzten Metern endgültig gewann, sondern weil er es von Anbeginn bis in das glückliche Finale gegen Szozda fuhr, den nach wie vor fast unschlagbaren Polen. Der schrieb jedoch nicht nur als Kämpfer auf der Rennmaschine, sondern auch als großer Sportsmann Friedensfahrtgeschichte. 1973 hatte er sich noch Szurkowski beugen müssen, 1974 dann gewonnen, 1975 lief es irgendwie nicht recht zusammen, und in diesem Jahre wollte er es noch einmal so richtig wissen, aber da war erst noch Hartnick, hartnäckigster Kontrahent, zu überwinden. Weniger als eineinhalb Minuten trennten Szozda zwei Etappen vor dem Ende noch vom Spitzenreiter, der nach seinem zweiten Platz im Vorjahr unbedingt gewinnen wollte. Hinter Cottbus aber brach dem Führenden die Speiche fast das Herz, er fiel in tiefe Depression und weit zurück, der Traum vom Sieg schien ausgeträumt. Und hinter sich sah er schon Szozda nahen, der aufkam und, als er auf seiner Höhe war, dem Kontrahenten riet, den Materialwagen zu konsultieren. Hartnick fühlte sich nichts weniger als schwer veralbert, aber Szozda schien es ernst; er ließ sich mit dem Spitzenreiter in die hinteren Reihen fallen, wartete den Radwechsel geduldig ab – weitaus gelassener als Brecht in seinem früheren Gedicht. Der Pole wollte seinen Sieg nicht der Defekthexe verdanken, sondern einem ritterlichen Kampfe, und so setzte er die Hatz auf Hartnick erst nach der erfolgten Hilfeleistung fort: er wurde wieder einmal Zweiter, Hartnick fuhr als Sieger in die Hauptstadt, die Berliner jubelten ihm zu, doch Szozda blieb als wackerer Ulan und Ritter von der polnischen Gestalt in ewiger Erinnerung.

»Wenn nun das Feuer des Fests erlischt,
wollen wir das Erlebnis in unseren Herzen bewahren:
die Freude und die Schönheit,
die Harmonie der Körper und Klänge und Farben,
des Menschen Anmut und gesunde Kraft,
den starken Lebensrhythmus und die Flamme der Begeisterung,
den Wettkampf und die Gemeinsamkeit.«

Ohne Sinn für manche Schwierigkeit, die unsere Republik im Jahre 1977 ohnehin bedrückte, redeten die Schweizer unbekümmert Käse und entdeckten Löcher in der Organisation und im Asphalt; besonders ruppig tat sich Grob, ihr Wortführer, hervor, benannte unsere Stadioneinfahrten als ein Problem, behauptete im weiteren, man könne bei der Siegerehrung nicht erkennen, ob es sich bei der Musik um Hymnen oder etwas anderes handelte. Sein einziger, nur schüchterner Versuch, das harte Urteil etwas abzumildern, ging zudem daneben: als er halbherzig bemüht war, doch den Lenker noch herumzureißen und auch etwas Freundliches zu finden, lobte er nun ausgerechnet einen Umstand, den der Eingeweihte nur als Zweifel an der Notwendigkeit polizeilicher Präsenz interpretieren konnte, denn er gab sich sehr erstaunt darüber, daß von den so vielen Zuschauern niemals auch nur ein einziger die Straße überqueren oder vor die Fahrer treten durfte – schelmisch nannte er die Friedensfahrt das ungefährlichste von allen Rennen, die er je gefahren sei. Erst bei der Ehrung als Etappensieger in der Goldenen Stadt gab er sich gerade und verklausulierte seine aufrichtige Freude nicht, denn nun waren die Strapazen dieser Jubiläumstour endgültig auch für ihn vorbei. Doch was ihm wirklich Eindruck machte, war die Ehrengabe einer riesigen Amphore, deren Wert sich auf rund achthundert stabile Franken schätzen ließ. So brauchte er den Bargewinn, nämlich ein Sechstel jener satten, rund zweihundert Franken schweren Mannschaftsprämie, nicht mehr auf dem Boden seines Hauses zu verstecken, was der Schweizer, wie man weiß, aus Angst vor unsicheren Kantonisten ja sehr gerne tut. Er konnte ihn nun auf dem Grund der unauffällig schönen Bodenvase vor den allzu neugierigen Blicken der Nachbarn deponieren. Ja, so waren sie eben zwischen Uri, Schwyz und Unterwalden: schillernd stand der letzte Erste dieses Rennens auf dem Treppchen droben, und die Prager glaubten, nur der Stolz auf diesen sportlichen Triumph umsäume sein Gesicht; die Prager jubelten ihm zu – wie Aavo Pikkuus, dem Sieger der Fahrt von 1977, der mit seinem Gewinn eine fünf Jahre anhaltende Serie der Sowjetunion eröffnete. Denn der Triumphzug von Awerin, Suchorutschenkow, Barinow sowie Zagretdinow endete erst 1982 wieder, als sich Ludwig aufgeschwungen hatte, die verwöhnten Seriensieger endlich auszubremsen, die schon gewohnheitstrunken alle Jahre wieder das Podest bestiegen. Ludwig wußte allerdings nach diesem Rennen weder, daß ihm, nur vier Jahre später, noch einmal der Sieg vergönnt sein würde, noch, daß er damit im Jahre 1986 eine imponierende, doch auch letzte, triumphale Serie für die DDR eröffnen würde.

»Ob es die Deutschen schaffen können,
Man hört die Engländer oft nennen,
Die Gunst des Glückes kann sich drehen,
Die beste Mannschaft wird bestehen.«

Vorausgesetzt, ihr rutschte nicht das Vaterland unterm gepreßten Sattel weg, denn wie man später wußte, konnte selbst die beste Mannschaft ohne eine solche feste Bodenhaftung nicht bestehen; doch 1978 schien das nicht nur für die DDR undenkbar, aber auch der Mai bescherte noch so bitterkalte Tage, daß sich Radio Friedensfahrt veranlaßt sah, die Menschen zur Bereitstellung von Heißgetränken für die Fahrer aufzurufen und nicht abzuwarten, sondern Tee zu kochen, und so konnte man auf beiden Seiten von Aktiven sprechen, die das Rennen prägten wie der fünfundzwanzigjährige Kubaner, dessen sonniges Gemüt sich nicht von diesem Wetter irritieren ließ. Vier Jahre früher noch, im Jahre 1974, war sein Landsmann Alfredo Santana dadurch aufgefallen, daß er schon beim ersten Sonnenstrahl die Ärmel hoch- und bis unter die Schulter krempelte, ein gelungenes Renommiermanöver seinerzeit, den Kontrahenten Wetterfestigkeit zu suggerieren; doch bei Carlos Cardet aus Havanna war kein bißchen Taktik oder auch nur Angabe im Spiel, er trat ganz einfach an und hielt erst hinterm Zielstrich im mondänen Karlsbad wieder ein, das schlimme Zeiten leidlich überdauert, aber solch einen Triumph seit vielen Jahren schon nicht mehr erlebt hatte. Es war der erste Tagessieg in der Geschichte dieser Fahrt für Kuba. Gratulanten aller Länder einten sich zu einem babylonischen Begrüßungskomitee, ein Bildberichterstatter von der Seine zum Beispiel wünschte weiterhin viel Glück: … und nächstes Jahr in Marienbad – das war ein schlapper Scherz; doch ein erhebender Moment blieb es für alle, die dabei waren, selbst für jene, die auf Castro lieber keinen Cuba libre trinken wollten, doch auch, wenn dieser unverhoffte Sieg noch nicht die Führung änderte – er war fidel herausgefahren.

»Welch ein Festtag ist das heute,
Welcher Jubel, welche Freude!
Fahnen flattern, Blumen prangen,
Unsre Freunde zu empfangen.«

Alljährliches Ritual: ein Blumenstrauß für die Befreier;
Täve Schur mit der Friedensfahrtlegende Viktor Kapitonow

Am Rand der Piste heiratete Kornelia Ender unseren schon als höchst erfolgreich und begehrt erwähnten Roland Matthes; denkbar war, daß es sich ebensogut umgekehrt verhielt und Roland seinerseits das klare Führungsrennen lieferte – in jedem Fall vermählten sich die beiden just in Bitterfeld, dem legendären Wallfahrtsort ganz offenbar sehr vieler junger Paare, die sich dort sehr gern das

Ja-Wort gaben. Beide folgten so zugleich dem Antrag ihrer prominenten Nachwuchsförderer in der sportbegeisterten Regierung, dem Land ein Traumpaar zu bescheren. Doch die gutgeplante Liebesheirat fand genau an jenem Tage statt, den Stammtischbrüder nach dem zwölften Bier gern als den Tag des Weltunterganges besingen; sie fiel auf den dreizehnten Mai – nicht unbedingt ein gutes Omen, um sich im siebten Himmel und in einem Kosmos der Gefühle, so wie etwa Sigmund Jähn im gleichen Jahr, für alle Zeit zu etablieren. Friedensfahrtanhänger ahnten ohnehin schon Schlimmeres, denn wenn man während ihres Rennens nebenher noch andere Höhepunkte plante, nahm das meist kein gutes Ende. Und tatsächlich war die Ehe bei der Tour von 1982 längst wieder Geschichte.

Awerin, wie bereits erwähnt, errang den Einzelsieg für die Sowjetunion, die sich in dieser Zeit zur fahrerischen Großmacht mauserte; in Warschaus Stadion applaudierten Tausende von Zuschauern, so gut sie eben konnten – sieben Jahre Pech noch mußten unsere Nachbarn glücklos über sich ergehen lassen, bis sie Lech, ein Kerl wie von der Werft, im Jahre 1985 aus dem Elend, jedenfalls für kurze Zeit, erlöste: Lech Piasecki, der zehn Jahre nach Szurkowskis letztem, viertem Einzelsieg bei einer Friedensfahrt daran erinnerte, daß Polen alles andere als verloren war.

Als sich allerdings im Jahre 1979 die Sowjetunion mit Suchorutschenkow den dritten Einzelsieg hintereinander an die Fahne heften konnte, wurde es doch stiller in der Weichselmetropole, denn das Privileg des nationalen Hattricks wurde bislang dort gehütet. 1973 hatte König Ryszard, 1974 Szozda, ein Jahr später wiederum Szurkowski den Triumph nach Haus gefahren, doch nun war der Rekord egalisiert, das kleine, stolze Polen fand sich urplötzlich auf einer Stufe mit dem immer noch bedrohlich großen Nachbarn, und die Zeitungen der Bruderländer ließen sich nicht lange bitten, diesen Umstand in gebührlichen Elogen und zutiefst beeindruckt auf den ersten Seiten auszustellen. Fast erscheint es da im nachhinein als

Glück, daß sich die wirtschaftlichen Pläne, publizistischen Visionen und gesellschaftlichen Überholversuche immer gleich jahrzehnteweit nach vorne orientierten und nicht in so kleckerhaften Zeiträumen wie Jahren dachten; denn sonst hätten sie womöglich die erstaunliche Stabilität und Kontinuität der sowjetischen Fahrer in den letzten Jahren nicht als Überlegenheit des sowjetischen Menschen und als vorläufigen Höhepunkt schlechthin beschrieben, sondern sie behutsamer beobachtet und vielleicht die kurzsichtige, aber traurige Prognose für die nächsten Friedensfahrten abgegeben, daß sich die Sowjetunion vermutlich eher einen roten Zacken aus der Krone brechen würde, als das unnatürliche Remis auf sich beruhen zu lassen. Rat- und Mutlosigkeit wären zweifellos als Folge einer solchen realistischen Betrachtung eingetreten, und so zeigt sich heute, daß die Friedensfahrtberichterstattung sich mit Recht in all den Jahren auch als Kampfansage an zu nüchterne Betrachtungsweisen sah, in hart umkämpften Phasen des gesellschaftlichen Rennens klug beiseite fuhr und manche abgedrehte Utopie auch dann noch pflegte, als die regelmäßige Begeisterung sich bei den meisten schon gelegt hatte. So jedoch erstaunten auch die nächsten beiden Siege noch, als wären sie wirklich überraschend, und der Fachmann wie der Laie wunderten sich sehr, daß mit dem dritten Sieg von 1979 längst noch nicht das letzte Wort gesprochen war – die Fahrer der Sowjetunion bestimmten das Geschehen bis zum Auftritt Olaf Ludwigs und verdeckten manch anderen interessanten Hattrick, etwa den des Belgiers Bauwen, der in jenem Jahre, ebenfalls zum dritten Mal, als hilfreichster Mechaniker vom Directorium geehrt wurde und dafür weder jubelnde Berichte in den Zeitungen noch ein besonderes Trikot bekam, ein undankbarer Ritterschlag, den er zudem noch immer manchem deutlicher erklären mußte, um auch weiterhin als selbstlosester und nicht gar als dümmster Schmiermax, ganz besonders bei den Rennradlern im eigenen Lager, dazustehen.

»Was wäre solch ein Rennen,
Oho!
Wohl ohne uns Mechaniker!
Drum soll man uns auch nennen,
Jawohl!
Die Schlosser und die Reifenflicker,
Ja, wir gehören zum Rennen
So wie ein Reifen auf das Rad;
Darum sind wir auch
Darum sind wir auch,
Sind wir – jederzeit – auf Draht!«

Gefragter allerdings waren 1979 die bekannten Abenteurer des Schienenstrangs, die Schotterschütter und Mechaniker, die Schneisen mitten durch die DDR und ihre wärmenden Zusammenhänge schlugen, denn die hatte gerade den härtesten und schneesichersten Winter ihrer wechselhaften Perioden zu überstehen. Auf den Titelseiten waren festgefahrene Eisenbahnen unter schneeverwehten Dünen abgebildet, Schornsteine sahen aus dem fast versunkenen Häusermeer wie U-Boot-Teleskope, die gerade durch die Oberfläche stießen, doch die Texte unter ihnen sicherten der Führung, unabhängig von der Härte dieser volkswirtschaftlichen Etappe, einen großen Vorsprung zu. Es hätte in diesem Jahr wohl ausnahmsweise jeder, selbst der Unwilligste eingesehen, wenn statt des Dauerjubels einmal nachdenkliche Töne angeklungen wären oder gar Appelle, sich zu solidarisieren, sich als Mannschaft sozusagen zu empfinden, die den gleichen schweren Kurs zu absolvieren hatte. Nun, die Chance zu einer solchen Führung war auch in den Frühlingstagen dieses Jahres wieder einmal unachtsam vertan worden.

Es war das Jahr, in dem Barinow den schon mittlerweile vierten Einzelsieg in Folge in die Hauptstadt des gesamten Friedenslagers holte. Aber Moskau ging im Sommer 1980 auch als boykottierter

Gastgeber in das Diarium der olympischen Geschichte ein, weil es mit kriegerischen Mitteln in Afghanistan versucht hatte, auch der Geschichte seines Nachbarlandes einfach eine andere Übersetzung zu verpassen, um im höheren Gang die eigene Geschichte hinter sich zu lassen – eine von der Charta unserer olympischen Nationen nicht gedeckte Einflußnahme, und so waren die volkseigenen Amateure oft in ganzen Disziplinen unter sich. Fast fünfzig Goldmedaillen brachten die Athleten aus der DDR, als zweitbeste Equipe, daher nach Haus, und wenn sie auch schon 1976 höchst erfolgreich waren, wollten sie es doch in diesem Jahr dem Rest der Welt so richtig zeigen, nun war es tatsächlich nur der Rest geworden, und der tonnenideologische Triumph behielt den Beigeschmack des unverdienten Ruhmes und das blanke Gold etwas von jenem Odium, das wir auch aus früheren Radsportjahren immerhin schon kannten, als so manche Zeitung 1960 unbedacht verlauten ließ, daß Bernhard Eckstein ein geschenkter Weltmeister in unserer amateurhaften Geschichte sei.

»Sich bewähren ist schön!
Und so wollen wir geloben,
uns stets zu bemühen
um wahre Bewährung –
sei es im sportlichen Wettstreit,
sei es als Kämpfer für den Frieden der Welt.«

Endlich sah man wieder Licht am Ende des bereits erwähnten Stadiontunnels: zwar gewannen die sowjetischen Athleten 1981 nun bereits zum fünften Mal die Einzelwertung einer Friedensfahrt hintereinander, doch mit Zagretdinow war die unglaubliche Serie auch erst einmal ausgetrudelt. Warschaus Stadionränge waren nicht mehr so gefährdet wie in früheren Jahren und Jahrzehnten, denn die schwungvolle Begeisterung für das berühmte Rennen war inzwischen deutlich abgeklungen, und die Friedensfreunde Polens sahen die sowjetischen Erfolge mittlerweile mit gespaltenen Gefühlen, wenn nicht gar mit ausgesprochener Wut im leeren Bauch. Das Grummeln hörte man von Katowice bis Opole, wo der Belgier Staes, nach einer hundert Kilometer dauernden Alleinfahrt, den Etappensieg errang, fast in der gleichen, imponierenden Manier wie zwei Jahrzehnte früher schon an diesem Ort sein nunmehriger Trainer – wieder einmal schien die Friedensfahrt sich im exakten Fadenkreuz von Zufall und Notwendigkeit, sportiver Überraschung und geschichtsbeflissenen Wiederholungszwängen zu bewegen.

Mit der Sowjetunion war es vorbei, mit ihrem kleinen Bruder aber ging es aufwärts – jedenfalls im Jahre 1982 und rein sportlich, wie sich fast von selbst versteht. Denn ausgerechnet auf den letzten Metern dieser fünfunddreißigsten, mithin der jüngsten Jubiläumstour, geriet die Hauptstadt aus dem Häuschen und ließ keinen Zweifel daran, daß der Bär los war. Als Olaf Ludwig endlich wieder einmal eine Friedensfahrt für die zerfahrene Republik nach Hause holte, hatte er nicht nur die triste Vorherrschaft der letzten Jahre aufgebrochen, sondern noch einmal bei vielen das Gefühl erzeugt, daß dieses Rennen echte Helden nicht nur brauche, sondern auch tatsächlich habe. Niemand wußte damals, daß er später wirklich einer der ganz seltenen Matadore werden sollte, jemand, der noch eineinhalb Jahrzehnte lang Triumphe feiern würde, wenn auch irgendwann zu völlig anderen Konditionen – der Held als Übergangsfigur, die Übergangsfigur als Held.

Ein großer Fahrer allerdings war Ludwig schon in jenem Jahr, in dem er nicht nur diese Tour, sondern vielmehr auch seinen zehnten Tagessieg errang und damit den Rekord von Täve, der es seinerzeit auf neun Etappensiege brachte, überboten hatte – insgesamt fuhr Ludwig im Verlaufe seiner Friedensfahrten schließlich neununddreißigmal als erster ins Etappenziel, so oft wie keiner vor und nach ihm und mit einem ungeheuren Vorsprung vor dem Zweiten in der Ahnenreihe der erfolgreichsten Etappensieger: der hieß übrigens

Jan Vesely und brachte es noch immerhin beinahe auf die Hälfte der einmaligen Bilanz von Ludwig.

Noch einmal langten DDR-Fußballer nach dem internationalen Lorbeer, der bereits im Jahre 1974 greifbar nah geschienen hatte; der Berliner Fußballclub Dynamo – schon seit 1979 Dauermeister –, der in seinen ersten Jahren sogar unsere Friedensfahrer fast mit seiner Popularität bedrängte, spielte im Europa-Cup gegen den HSV. Zehntausende von ausgesuchten Fußballfreunden waren aufgeregt wie auf der nie erblickten Reeperbahn, ob der Pokaltriumph, der ihren protegierten Kickern in der Heimat und zur Freude vieler nicht so ausgesuchter Fußballfreunde nie vergönnt war, nun vielleicht im Kampf mit dem ärgsten Klassenfeind gelingen würde. Damals endete die wichtige Partie noch unentschieden, Felix Magath aber gratulierte Kapitän Terletzki schon mit einem maliziösen Lächeln. Der hofierte Club der Schutz- und Sicherheitsorgane blieb sein eigener Meister, bis zum Ende jener volkseigenen Liga. Als Uwe Ampler 1988 zum zweiten Mal die Friedensfahrt gewinnen konnte, setzte sich der selbsternannte Meister aus der Hauptstadt schon zum zehnten Mal die Krone auf: doch während immer noch Zehntausende Ampler bejubelten, sah man im Meisterstadion meist nur noch ein paar hundert verlorene Delegierte.

Alle möglichen Kuriositäten hatte es schon immer bei der Friedensfahrt gegeben, aber daß zwei Fahrer, wie im Jahre 1983, um den letzten Platz mit einer Gnadenlosigkeit wie nur Mongolen früherer Jahrhunderte den Kampf gegeneinander führten, war schon ungewöhnlich; aus vergangenen Äonen kamen sie nun zwar nicht wirklich, aber aus der Mongolei waren sie tatsächlich. Und auch ein Gefecht von großer Spannung trugen beide Kontrahenten miteinander aus – wie sollten sie auch wissen, daß in anderen Kulturen krude Vorstellungen durch die Köpfe geisterten, zum Beispiel jene, die behauptete, die Letzten könnten durchaus auch die Ersten sein? Auf diese Weise brachte zwar der eine Landsmann seinen anderen um die vorletzte Plazierung, doch sich selbst auch um die wunderbare Torte, die man für den Letzten fürsorglich als Trostpflaster gestiftet hatte.

Auch die USA waren erstmals mit von der Partie und vollkommen verblüfft, daß es im Sozialismus so viele Kofferträger gab, denn nicht ein einziger der überseeischen Athleten mußte sein Gepäck nur einen Meter selbst bewegen, und das alles absolut zum Nulltarif, *yeah, absolutely crazy and fantastic;* schade, daß sie erst gekommen waren, als der Lack im ganzen Land und selbst in seiner Hauptstadt schon beinahe ab war, denn noch drei Jahrzehnte früher reimten aufbauwillige Poeten:

»Zwei Amis besuchten
die Stalinallee
und fanden alles
very okay.«

Falk Boden fuhr die Tour nach Haus, es war der achte DDR-Sieg insgesamt in einer wechselvollen Friedensfahrtgeschichte, und der Aufwärtstrend der Republik schien nun fürs erste anzuhalten, wenngleich nicht nur Radrennfahrer, sondern auch die Sportler aller anderen Disziplinen 1983 längst schon um den Einsatz bei den nächsten Spielen von Olympia in Los Angeles gefürchtet haben dürften.

Die Skeptiker behielten recht, denn 1984 waren wiederum die Sportler aus dem gegnerischen Lager unter sich; der Osten revanchierte sich beim Westen für die tristen Spiele vor vier Jahren an der Moskwa und verwehrte seinen Sportlern dafür die Bekanntschaft mit L. A. und eine Olympiade, die, unter der Sonne Kaliforniens, amerikanische Verhältnisse in der olympischen Bewegung zementieren wollte. Dafür trat bei der 84er Friedensfahrt Indurain, ein stolzer Spanier, an; er war der Landesmeister, trug das Friedensfahrttrikot statt einer goldroten, brokatenen Toreroweste –

Indurain kam, sah und siedelte, zum Schluß des Rennens, auf Platz siebzig, hämisch würde heute sicher mancher schreiben, auf *Rang* siebzig, um zu zeigen, wie hoch das Niveau der Friedensfahrt zu handeln war. Schon mehr als dreißig Jahre lang erzählten die Chronisten unserer Tour, in was für luxuriöse, aber auch gefährdete Verhältnisse die Fahrer aus den westlichen Radlagern fallen würden, die sich bei der Friedensfahrt im Vorderfeld behaupten konnten, absolute Kontraktkiller, die angeblich bloß noch unverschämte Gagen aufzurufen brauchten, die Wasserträger namentlich benennen durften und ansonsten für den Rest der Tage nur noch von der Friedensfahrt als ihrem Sprungbrett redeten. Da war es zweifellos schon komisch, daß Indurain tatsächlich ein solch komfortables, hochdotiertes Angebot bekommen haben muß – er wurde später immerhin der bislang größte Held der Tour de France. Und eigentlich kann man es sich nur so erklären, daß die neunundsechzig anderen, die vor ihm lagen, die Entwicklungen der Welt und insbesondere den Niedergang des einst so hochgehaltenen olympischen Gedankenguts einfach schon bewußter als Indurain gesehen hatten und im Schlaf nicht auf die Idee gekommen wären, den Verfall mit ihrem eigenen Wechsel auch noch tatkräftig zu unterstützen. Zugegeben, Suchorutschenkow, der, immerhin nach einem halben Radfahrerjahrzehnt, die Tour auf eine tolle Art zum zweiten Mal gewann, war vielleicht gesellschaftlich nicht so aufgeklärt, wie wir es deuten, sondern lediglich bereits ein bißchen alt für einen solchen Neuanfang; und denkbar bleibt natürlich auch, daß er ganz einfach keinen Notausgang im Territorium zwischen Warschau, Prag und der stolzen DDR-Hauptstadt gefunden hatte, weil man einen solchen für die Friedensfahrer eigentlich nicht vorgesehen hatte.

»Doch ist's genug, im sportlichen Ringen
zu messen die Kraft
und zu schöpfen Gesundheit und Frohsinn?
Ob auf dem Oval der ebenen Aschenbahn
oder dem geschorenen Rasen?«

Der Rückfall in den Fortschritt dauerte zwei Jahre, ganz besonders selbstverständlich für die Betroffenen: dreieinhalb Jahrzehnte lang, seit 1950, führte unser friedfertiges Rennen durchs Dreiländereck, und plötzlich expandierte es; warum nur, fragte sich der brave Mann im Jahre 1985 zweifellos und war wiederum bereit, genauso in die Luft zu gehen wie die Amateure selbst, die, doppelt demütigend, just in Prag nicht *auf* die, sondern *in* die wartende Maschine stiegen, um in Moskau drei Etappen auszutragen – nun, das war ein Neuer Kurs, und heute muß man sicher sagen, Michail, er war nicht recht geplant. In deinem Riesenreich vielleicht, doch warum mußten unsere Athleten in der Metro sitzen und in Interviews so tun, als hätten sie zum ersten Mal das Himmelreich der Radfernfahrt gesehen? Oder war selbst das schon Absicht, um den Fahrern, die inzwischen groß geworden waren, nochmals klarzumachen, daß all jene, die zu spät erschienen, irgendwann das Leben strafen, wenn nicht straffen würde? Nun, die Späteren sind um Erklärungen fast immer höchst verlegen, wenn sie auch gelegentlich den gegenteiligen und restlos überzeugten Eindruck zu erwecken suchen, es war nicht so ohne weiteres einzusehen, warum die Tour die eingeübte und jahrzehntelang bewährte Route jetzt auf einmal und so ohne jedes Rennmotiv verlassen sollte.

Immerhin, auch in Berlin waren manche aufgelegt, gerade dieses Jubiläum der besonderen Art zu feiern, denn Piasecki holte, ein Dezennium nach Szurkowski, endlich wieder einen Sieg ins Nachbarland, das damals selbstverständlich attraktiver war als heutzutage Lanzarote oder auch die Malediven, die zu dieser Zeit kein Mensch auch nur vom Hörensagen kannte: Polen lag zwar um die Ecke, aber es war Lichtjahre entfernt und ungleich interessanter für die wenig aufmüpfigen Nachbarn diesseits der beschworenen Freundschaftsbrücke, die in jenen Jahren beinah jede Tragfähigkeit verlor.

Henry Maske holte den Europameister-Titel in die Oder-Metropole Frankfurt und die DDR, ein Sieg, der damals noch von höchstens mittlerem Gewicht erscheinen mochte; Katarina Witt ging mit den Honeckers auf öffentlichen Plätzen oder im Palast der Republik umher und lächelte in späteren Jahren immer wieder so sehr, daß der erste Mann im Staate ihr erlaubte, für die Zukunft ihres Landes und ein wenig auch für ihre eigene ein paar Dollar zu verdienen. Joschka Fischer stieg zwar in die Turnschuhe, doch gleichzeitig vom Rad auf eine Limousine um, die ihm nun als Minister für die radelfreundliche Umgebung Hessens täglich zur Verfügung stand.

Es brauchte sicher keinen Feuerwehrhauptmann aus Tampere, um auch den letzten Dumpfbacken endgültig klarzumachen, daß es 1986 wirklich brannte; Markku Salmijävi war inzwischen einsam, alle anderen Finnen hatten längst schon aufgegeben. Salmijävi blieb als einziger von allen übrig, einsam kam er unseren Bildberichterstattern vor, sie zeigten ihn vorm menschenleeren Marktplatz; unterm Foto stand dennoch die forsche Frage des Athleten: Wie kann man bei diesem Rennen einsam sein? Trotz alledem – wenn selbst das letzte Rentier mit den Hufen nach dem Fortschritt ausschlug und die energieversorgten Herden sich trotzdem nach Westen wandten, wenn die Tour inzwischen schon in Richtung Süden auswich, war das sicher eine zweifelhafte Expansion; nur eine Woche nach der Havarie von Tschernobyl begaben sich die Fahrer in die Hauptstadt der Ukraine, sieben Tage nach der Auslöschung des Lebens in der bislang scheinbar heilen Welt, die sich im reinen Glauben an den Fortschritt und die komfortable Technik wähnte, wählten die Veranstalter der Friedensfahrt die umgekehrte Schöpfungsroute – hin zur Katastrophe, und bescherten auch der Chronik dieser Tour einen eigenen Störfall.

»Das war, wie es uns scheint,
Von ihr doch gut gemeint!
Ja, dieser Zwischenfall,
Der ist dann sehr fatal,
Wenn solches überhaupt
Im Rennen nicht erlaubt!«

Olaf Ludwig hatte es erneut geschafft und eine Friedensfahrt gewonnen; die Moldaumetropole gönnte es ihm sicher ohne Arg und Neid, denn Ludwig lächelte wie Karel Gott und galt mit Recht als Fahrer, der auch in den nächsten Jahren noch die Tour beherrschen würde – diesen schweren, wenngleich schönen Part jedoch nahm ihm ein anderer ab, denn das historische Finale unserer Fahrt geriet zum unvergleichlichen Beginn der Radsportsaga Uwe Ampler, der die Fahrt dreimal in Folge und bis in das Jahr hinein, als nichts mehr so blieb, wie es vier Jahrzehnte lang gewesen war, gewinnen konnte.

Erstmals fuhren 1987 auch Chinesen mit, die Starter aus dem Reich der Mitte radelten, wie auf den heimatlichen Rikschas, durch die geschmückte DDR-Hauptstadt, die sie und alle anderen Teilnehmer mit leiernden Begrüßungsreden von den Pulten und mit Leierkastenmännern an den Straßenrändern grüßte. Schließlich hatte gerade Berlin schon oft mit ungewöhnlich einfallsreichen Schmeckerchen die bleibendsten Erinnerungen bei den Fahrern mancher Tour zurückgelassen – wer erinnert sich nicht mehr an den Berliner Bären, der, mit dem Trikot des Führenden, vor unserer Sporthalle in der jubelnden Allee und mit dem Fallschirm landete.

Der Hauptschiedsrichter dieses Rennens war zutiefst beeindruckt, Jeremiasse kam aus Belgien und erklärte arglos, dieses Rennen würde niemals alt, und heute weiß man es – zum Glück – noch weniger als seinerzeit, ob nun er recht behalten sollte oder nicht.

Uwe Ampler holte seinen ersten Sieg, begründete, wie schon erwähnt, die erste, familiäre Dynastie der Friedensfahrt und konnte deren zweite Erdumrundung seit ihrem Beginn erleben; vier Jahrzehnte waren seit dem ersten Start vergangen, fast sechshundert Renntage hatte sie dafür gebraucht, doch wirklich um die Welt gegangen war sie auch in den beschriebenen Kreisen nie.

Bei der Olympiade revanchierten sich die Sportler aus der DDR für die so unsinnig vergebenen Spiele der vergangenen Jahre, denn

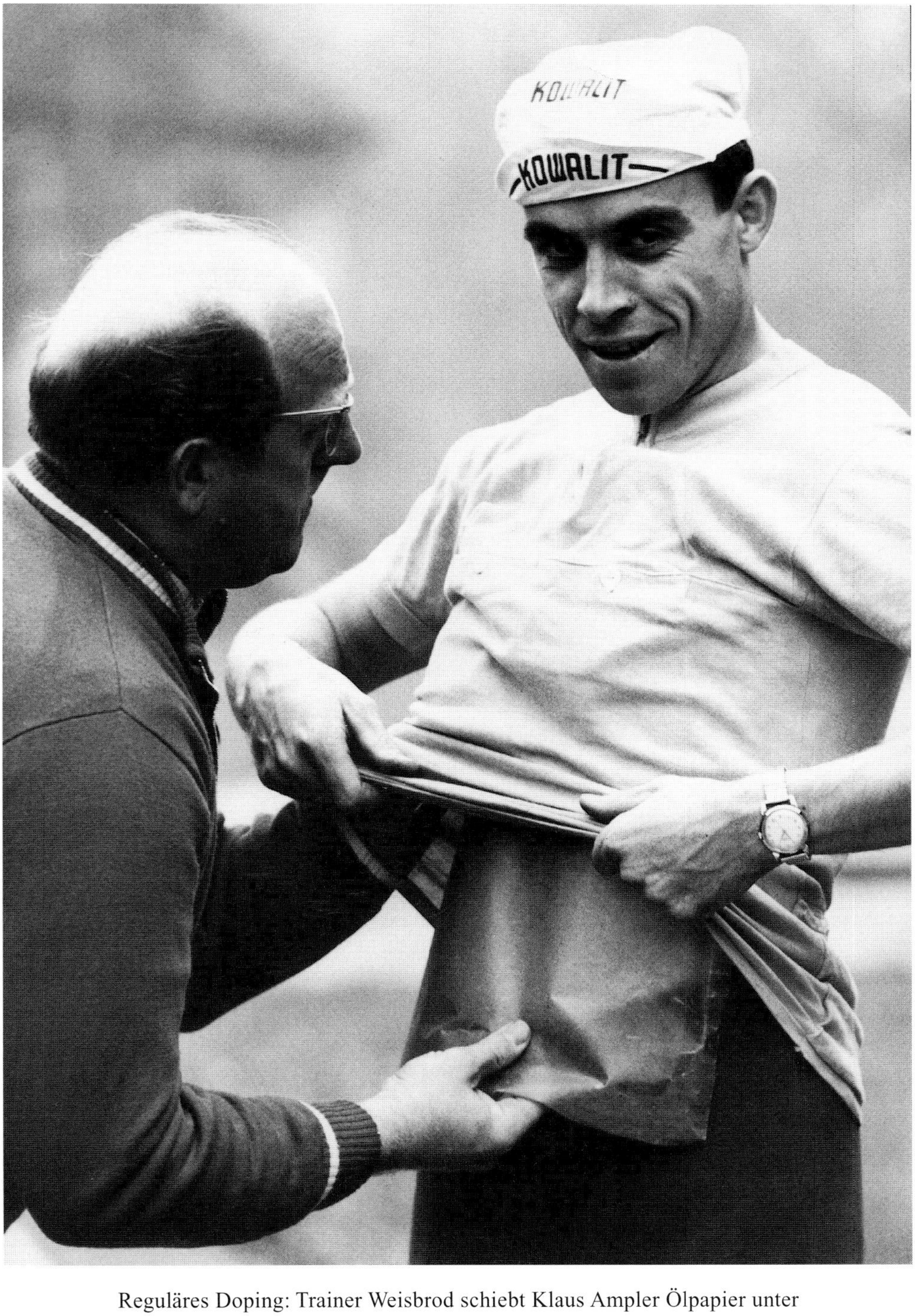

Reguläres Doping: Trainer Weisbrod schiebt Klaus Ampler Ölpapier unter

ihre wutentbrannten Leichtathleten holten 1988 in Seoul zum ersten Male mehr Medaillen als die schwerfälligen Großmächte. Zum letzten Mal vielleicht empfand der eine oder andere, mit einem Rest von patriotischen Erinnerungen, wieder das Gefühl, das ihn bei manchem großen Sieg von Täve Schur befallen hatte: so etwas wie Stolz auf seine sonst so schüttere Republik. Ob allerdings tatsächlich jemand immer noch den abgegriffenen Vergleichen, die den David siegreich gegen Goliath sahen, glauben wollte, war nicht sehr wahrscheinlich und wohl ungefähr so hilfreich wie das Altes Testament.

Es ging aufs Ende zu, man spürte es sogar schon in den Dörfern: selbsternannte, junge Gastronomen gingen 1988 in die tiefe Illegalität und sorgten einerseits beinah für diplomatische Verwicklungen, zum anderen gefährdeten sie den bis dahin unantastbar guten Ruf der Landbevölkerung als Friedensfahrtkulisse, als sie sich spontan entschlossen hatten, für die Fahrer ein Buffet auf freier Strecke einzurichten. So frei aber war die Strecke nun doch nicht; es gab, wie wir schon lange wissen, strenge Regeln für den Aufbau einer solchen Freilufttafel. Herzhaft griff der Brasilianer zu, sein italienischer Kollege tat's ihm nach, die unverhofften Leckerlis jedoch bedeuteten beinah den Rausschmiß oder wenigstens diverse Strafsekunden. Doch die Fahrer reklamierten, zweifelsfrei zu Recht, daß sie die Grenze zwischen zugelassenen und verbotenen Früchten ja nicht kennen konnten, nicht einmal die Einheimischen schließlich wußten ganz genau, wo sie mitunter und gerade verlief.

»Denn wer Freude will, der muß sie schützen,
und die Jugend nützen in der Zeit –
So im Ernst und Spiel
gehn wir vom Start ins Ziel
mit dem Mut, der uns Schwingen verleiht.«

Uwe Ampler holte sich den zweiten Sieg bei einer Friedensfahrt und hing nun schon in einer Ahnengalerie mit Täve Schur und Olaf Ludwig: ein Jahr später würde er mit seinem dritten Sieg und als erfolgreichster von allen Teilnehmern der DDR noch einmal Friedensfahrtgeschichte schreiben und insofern für die austrudelnde Republik das letzte, ruhmreiche Kapitel unterm Rad besorgen.

Ein Telegramm aus Waterloo erging an die Veranstalter und Teilnehmer des Jahres 1989 und entbot die besten Wünsche für die diesjährige Tour, doch auch für alle weiteren der Friedensfahrt; es kam vom Chef der internationalen Radsportprofis, und es fragt sich heute sicherlich mit Recht so mancher, ob vielleicht schon damals Ironie im Spiel des Ahnenden gewesen ist. Es wurde ein furioser, fast shakespearescher Abgang. Uwe Ampler schaffte seinen Hattrick, Olaf Ludwig kürte sich zum ewigen Rekordhalter bei den Etappensiegern, nur die Zuschauer erschienen nicht mehr ganz so zahlreich wie in sehr viel früheren Jahren, als noch ganze Häuser einzustürzen drohten und Laternenmasten brachen – Größeres geriet nun ins Wanken, und auch das Friedensfahrerlager war längst nicht mehr so geschlossen zwischen Start und Ziel wie in den meisten Jahren seiner imponierenden Geschichte.

Die Kontoristen der drei gastgebenden Länder errechneten noch, daß mehr als einhundert Millionen Zuschauer den rund dreitausend Fahrern von fünf Kontinenten zugejubelt hätten, ganz alleine der Idee zuliebe, wie es immer wieder hieß; doch mochte Olaf Ludwig selbst noch den Olympiasieg allein nach Hause fahren und genausooft wie Täve Schur die Friedensfahrt gewinnen, sprinten wie der alte Zabel, lächeln wie die junge Eisprinzessin, mochte Ampler auch das Unglaubliche wahr machen und diese Tour ein drittes Mal für sich entscheiden, mochte selbst ein neuer Film die Aura dieses Rennens noch einmal mit geradezu beschwörender Rhetorik und mit wehmütigen Bildern hier zum letzten Mal vor Augen führen – das Rennen war gelaufen, und die Messen waren gesungen.

Die Altstars Vesely und Schur auf Werbetour für die ewige Jugend der Fahrt

»Wenn nun die Fahne am Mast niedergeht,
wollen wir das Gelöbnis in unseren Herzen erneuern:
für den Frieden zu arbeiten
und die Republik zu schützen
im Auftrag des fröhlichen, stolzen Lebens,
die olympische Idee rein zu halten und
alle Menschen für sie zu begeistern
zur Ehre unseres Landes und zum Ruhme des Sportes.«

Epilog hieß für die meisten Fahrer nur ein Wort, das sie an langweilige Unterweisungen und weit zurückliegende Schuljahre erinnerte, doch für die Friedensfahrt war es nie vorgesehen, denn die hatte Jahr um Jahr stets nur begeisternde Prologe miterlebt. Und dennoch gab es schließlich eine letzte Tour für unsere DDR-Mannschaft – die wiederum gewann ein Fahrer aus der ČSFR im Jahre 1990 in Bielsko Biała; Warschau hatte sich als Gastgeber längst zurückfallen lassen, dennoch kam für einen Augenblick noch einmal auch ein wenig Hoffnung auf: im Überschwang des Mauerfalles hieß es kurzzeitig, daß man die nächste Friedensfahrt sogar durch einen Teil der Landschaften, die schon seit Jahrzehnten blühten, führen wolle und daß man die klassische Dreiländerfahrt erneut zu einem Grand mit Vieren machen würde, der sich in der ČSFR, in Polen, in der DDR und in der schillernden, noch unversehrten BRD abspielen sollte.

Aber 1991 war die DDR verschwunden, das Gesicht des nun vereinten Deutschland wie auch das der Nachbarn änderte sich rasend schnell und bis zur Kenntlichkeit, so daß es eben noch zu einer Miniatur des Rennens reichte. Zwischen Prag und Warschau strampelten verloren ein paar disparate Radler durch die Gegend. Der Kreis schien sich beinah symbolisch zu vollenden, denn die Fahrt war wieder an den Ausgangspunkt zurückgekehrt und fuhr, als nationales Tandem, zwischen ihren Gründungsländern hin und her, nur mit dem kleinen Unterschied, daß diesmal ein sowjetischer Athlet das Rennen für sich entschied: die ersten Friedensfahrten waren noch ohne die Beteiligung der Sowjetunion abgefahren, und die Sieger kamen da aus dem malerischen Jugoslawien, das es mittlerweile auch schon nicht mehr gab.

Was des einen Freude, ist des anderen Leid, und so erschien es 1992 naheliegend, sich ans Hinterrad des Komitees zu hängen, das Berlin olympiaverdächtig machen sollte. Und tatsächlich konnte das Bewerbungsgremium auch als Sponsor für die Tour und für den Start in der vereinten Hauptstadt eingewickelt werden. Immerhin war diese Friedensfahrt bereits die fünfundvierzigste, nur sprach kein Mensch mehr irgendwie von einer Jubiläumstour; auch über das mißlich abgelaufene Werberennen breiteten die charismatischen Vertreter später gern den Mantel vornehmer Verschwiegenheit – es galt jedoch schon damals und selbst bei den hartnäckigsten Kritikern der aufgelaufenen olympischen Berliner für entschieden abwegig, ihr Scheitern in Zusammenhang mit der Sponsorenschaft für jene Fahrt zu bringen. Über die Fahrt selbst ist nicht viel mehr zu sagen, als daß ihre Route von Berlin nach Mladá Boleslav verlief und daß sie sich durch organisatorische Kuriositäten ausgezeichnet haben soll und insofern wieder bei den eigenen Anfängen gelandet war. Man hätte es sich denken können: ist erst einmal das System dahin, ist es auch mit der Ordnung meistens nicht mehr so weit her.

»Ach, die Fanfaren, der Jubel, die Worte
Klingen vorüber, die Blüten sind Lockung
Aber die Früchte erst nähren uns freundlich.«

Alte Orte an den Strecken, meist nur Kennern dieser Fahrt bekannt, erfuhren neue Ehren, denn sie wurden noch einmal Etappenziele; 1993 führte sie von Tábor, einer prominenten Stadt aus früheren Tagen, bis nach Nový Bor, und niemand konnte ernstlich einem nicht so Eingeweihten übelnehmen, wenn ihm bei der Nennung dieser Namen nicht sofort die Ohren zu glühen begannen und sich das Sponsorenportefeuille nicht gleich, wie bei Erwähnung eines Sesams, ganz von selber öffnete. Der Sieger kam schon nicht mehr aus der Tschechoslowakei, sondern war bereits ein Tscheche ohne Wenn und Aber, so wie auch sein Landsmann Pavel Dolezel, der dem Patienten Friedensfahrt so lange wieder Leben einhauchte, bis man an ihm erneut Züge jenes großen alten Rennens zu erkennen glaubte.

1994 durfte Tábor wiederum der Gastgeber des Tourfinales sein, zum Dank und als eine Art Tapferkeitsmedaille für die rührigen Veranstalter des Vorjahres, und Augenzeugen sollen in jenem Jahr zum ersten Male wieder einen Hauch vom alten Flair der Friedensfahrt empfunden haben, die zwar nur von Trutnov bis in eben jenes Tábor führte, aber offenbar den Eindruck hinterließ, es könne doch noch einmal aufwärts gehen.

Ob sich dieser Trend im Jahre 1995 tatsächlich bestätigte, ist selbst unter den Enthusiasten strittig, zwischen České Budějovice und Brno, dem fast mondänen Zielort vor der östereichischen Grenze, gaben jedenfalls sogar schon wieder Fahrer aus Amerika ihr Bestes, doch wer wüßte es nicht mittlerweile längst auch hierzulande, heutzutage besser, daß oft weniger weit mehr sein konnte.

Offenbar die Leipziger, sie standen 1996 auf dem neuen Messeareal; nicht hundert oder tausend, zwanzigtausend Menschen wollten die in jenem Jahr in Brno Gestarteten nach elf Etappen zum Finale begrüßen. Wenn auch nicht unbedingt erweitert, war durch einen einzigen slowakischen Etappenort und einen Abstecher nach Polen aus der Tour wieder eine Vierländerfahrt geworden. Neunundvierzigmal war nun die Friedensfahrt schon an den Start gegangen, und es wurde vielen tatsächlich bei dem Gedanken schwindlig, daß es auch ein fünfzigstes, mithin ein völlig neues Rennen geben würde und sich ihre Jungen, wie die Alten sungen, wieder auf die Große Fahrt begeben könnten.

»Wir sehen das Feuer;
wir hören die Glocke;
wir grüßen die Fahne am Mast
Wir grüßen in dieser Stunde die Jugend der Welt.«

Danksagung: Bücher, Rundfunkreportagen, Fernsehsendungen, Zeitungsstapel und so manche anderen, abgestrampelten Erinnerungen halfen mir ins Ziel: doch alle Quellen, die das vorliegende Buch speisten, vollständig zu nennen, gliche einem Rennen ohne Ende – deshalb seien nur die wichtigsten »Etappendirektoren« aufgeführt:

Den Schwung verdankt es seinem »Operettenkönig« Peter Bejach, viele Episoden Täves »Eckermann« Klaus Ullrich, manche Grille »Achims« Vater Uwe Johnson, manche Schnurre »Täve« selbst.

Seine Bildhaftigkeit ermöglichte das immer offene Archiv Wolfgang Schoppes, Geschäftsführer des Sächsischen Radfahrer-Bundes.